NOTE

SUR

L'ENSEIGNEMENT AGRICOLE

EN FRANCE

ET A L'ÉTRANGER

PAR

CH. JOLY

PARIS
IMPRIMERIE G. ROUGIER ET Cie
1, RUE CASSETTE, 1

1886

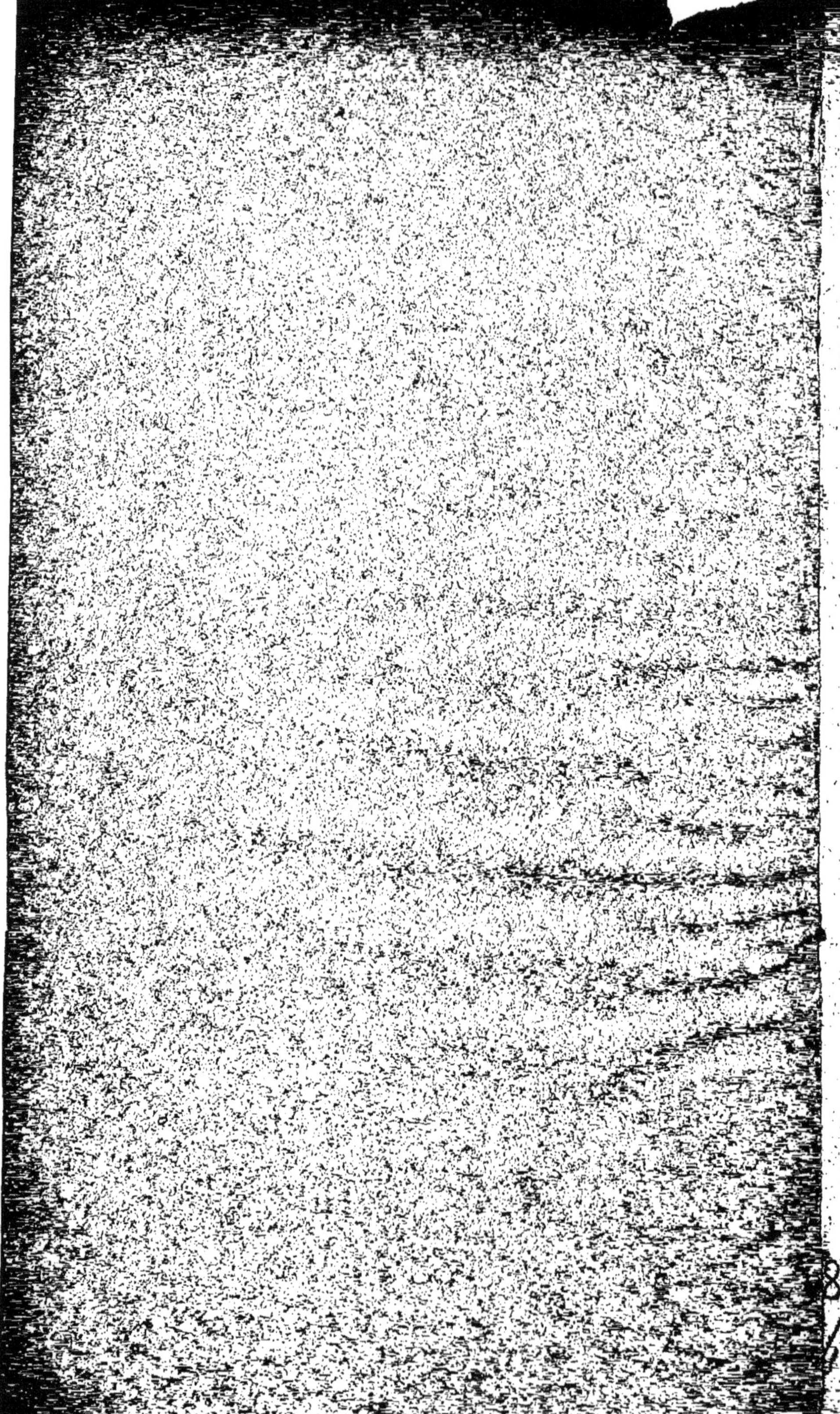

NOTE

SUR

L'ENSEIGNEMENT AGRICOLE

EN FRANCE

ET A L'ÉTRANGER

PAR

CH. JOLY

PARIS

IMPRIMERIE G. ROUGIER ET Cie

1, RUE CASSETTE, 1

—

1886

NOTE

SUR

L'ENSEIGNEMENT AGRICOLE

EN FRANCE

ET A L'ÉTRANGER

PAR

CH. JOLY

PARIS

NOTE

SUR

L'ENSEIGNEMENT AGRICOLE

EN FRANCE ET A L'ÉTRANGER

PAR

CH. JOLY

Au moment où l'instruction classique tend à prendre moins d'importance (1) et où l'on sent plus que jamais le besoin d'instruction professionnelle, lorsque les progrès qui s'accomplissent chez les peuples voisins nous font comprendre enfin qu'il devient indispensable de perfectionner notre outillage agricole et de répandre dans les campagnes une instruction qui soit en harmonie avec le climat, avec la nature du sol et les aptitudes des habitants, il n'est pas sans intérêt de voir ce qu'ont fait les étrangers dans la voie qui nous occupe et de comparer nos écoles, nos laboratoires et nos stations agronomiques avec ce qui existe hors de nos frontières.

L'antiquité s'est surtout occupée de luttes, de conquêtes, puis de la forme des cultes, de l'étude des mystères de notre origine, et surtout de la nature ou de l'existence de la divinité. On voit aujourd'hui que ce sont des études creuses qui nous laisseront

(1) Ceux que cette question intéresse liront avec fruit le Mémoire de M. Gréard au Conseil académique de Paris, en date du 7 juillet 1885, sur le baccalauréat et l'enseignement secondaire.

éternellement dans le vague. Une seule grande vérité ressort de toutes les théories théologiques, c'est que tous les peuples, dans tous les temps et dans tous les pays, ont reconnu l'existence d'une cause suprême, infinie, inconnue dans son essence, mais merveilleuse dans ses manifestations : on lui a donné des noms divers, mais, au fond, aujourd'hui que les études sont armées de deux instruments nouveaux, le microscope et le télescope, tous les penseurs voient leurs théories s'égarer plus que jamais dans l'infini et sont tenus de s'avouer vaincus dans leur besoin d'expliquer les origines du monde et la nature de son créateur. Mieux vaut s'arrêter au vers de Voltaire :

« Si Dieu n'existait pas, il faudrait l'inventer »

Contentons-nous donc de cette vérité qui satisfait notre intelligence et tenons-nous en à cette sublime maxime : « Ne fais pas aux autres ce que tu ne veux pas qu'on te fasse ». Là sont toutes les lois, toute la morale, dans le présent et dans l'avenir.

Notre pauvre esprit humain est pétri d'erreurs et de préjugés qui se transmettent de siècle en siècle et qu'il n'est pas facile de déraciner. Ainsi, de tout temps, pour assurer son existence, l'homme s'est appliqué à détruire son semblable et, en général, tout ce qui l'entoure, animal ou végétal : on lui a enseigné l'histoire, la poésie, l'éloquence, la théologie, l'art de la guerre, etc., mais, pendant des siècles, on a oublié que le premier des arts consistait, non à guerroyer ou à parler, mais à produire, en d'autres termes, que l'Agriculture était la première, la plus noble de toutes les industries, qu'elle devait passer avant tout, parce qu'elle occupe les trois quarts de la population et qu'elle sert à satisfaire la première des lois : la loi de vie. Voyez encore, à l'heure qu'il est, l'opinion générale : qu'il s'agisse d'une combinaison ministérielle, s'il y a un membre sans couleur, sans influence dans le cabinet, on le mettra au commerce et à l'agriculture : si, dans les familles, il y a un fils moins brillant que les autres, on se console, on en fera un campagnard ou un commerçant !

Ce n'est guère qu'au XIXe siècle qu'on voit surgir partout des écoles d'agriculture et que l'on comprend enfin quelle variété infinie de connaissances embrasse l'agronomie. Prenons, par exemple, en France, la culture du blé: nous la voyons passer du simple au double, suivant les départements, suivant les semences et les fumures employées, l'outillage agricole, etc.; prenons la vigne, la deuxième plante providentielle après le blé, sous une latitude à peu près égale, Montpellier et Bordeaux, les cépages, la vinification, tout diffère, là comme à Reims ou à Mâcon : quelle variété de problèmes et d'études dans l'art de demander au sol ce qu'il peut produire ! Et malgré toutes nos écoles et notre science, ce sont encore, à l'heure qu'il est, les Chinois qui tirent le plus grand parti de leurs terres à surface égale, et cela, grâce à l'eau et à l'engrais habilement employés; ils ont peu de fumier de ferme puisqu'ils ont peu d'animaux de boucherie, mais on sait par quoi ils le remplacent. Il est grand temps de les imiter, puisque la vie animale devient tous les jours chez nous plus dispendieuse et plus difficile. Sans aller chercher des conquêtes au loin, que de côteaux nus, que de prairies à améliorer, que de champs à mieux cultiver et à draîner, que de canaux à construire, que d'arbres fruitiers à planter dans notre patrie ! Faisons notre examen de conscience et voyons ce que nous ont rapporté toutes les grandes guerres de ce siècle. Nous avons promené notre drapeau dans toutes les capitales de l'Europe pour en rapporter quelques étendards aux Invalides et finir par la guerre de Crimée, du Mexique et d'Italie; en résumé, l'égorgement de la fleur de notre jeunesse et une dette de plusieurs milliards qui va peser sur tous nos budgets à venir, le tout couronné par un écrasement qu'on appelle le siège de Paris (1) et le désastre de Sedan, où

(1) On a mesuré la distance de la terre au soleil, on ne mesurera jamais l'immensité de la bêtise humaine et de l'aveuglement causé par l'orgueil national que l'on confond avec le patriotisme. En 1870, dans la presse, dans les réunions publiques, à la Chambre, dans les théâtres, partout, on criait : A Berlin ! A Berlin ! La France aveuglée était profondément ignorante de ce qui se passait en Allemagne, et surexcitée par une presse plus ignorante encore, puis intéressée à faire de l'agitation pour débiter son abominable marchandise. On

l'on a vu ce que jamais l'histoire n'avait montré : une ville de deux millions d'âmes enserrée dans un cercle de fer où n'aurait pas pu passer une feuille de papier, puis 130,000 hommes armés faits prisonniers dons une souricière et, en présence de cet incroyable désastre, la joie rayonnant dans la capitale le 4 septembre ! Oh ! Patrie ! Voile-toi la face ! Si tous ces milliards dépensés en pure perte, si toutes ces vies si précieuses avaient été consacrées à des travaux utiles, quelle France nous aurions à présent ! Hélàs ! la leçon de 1870 ne nous servira pas : tout Français se croit appelé à porter partout le « flambeau de la civilisation et à régénérer l'humanité » !

Peuple lumière, on te dit que tu es le cerveau du monde et qu'il ne peut pas se tirer un coup de canon en Europe sans ta permission ! Consulte à cet égard les peuples voisins : ils te diront que tu n'es qu'un fils de famille et que tu as besoin d'un conseil judiciaire. Tu te payeras toujours avec des mots : « Instruction » (sans l'éducation), « liberté » (prononcez licence), « fraternité » (prononcez : frères ennemis) « l'empire, c'est la paix », « pas un pouce de notre territoire », « le cléricalisme, voilà l'ennemi », « drapeau national des plis duquel sortiront

---

avait une armée régulière de 250 à 300,000 hommes à peine, pour aller attaquer chez elle une nation belliqueuse préparée de longue date, ayant 1.200.000 hommes à mettre en ligne avec un triumvirat d'acier comme l'empereur d'Allemagne, le prince de Bismark, et le général de Moltke ! Nous avions, nous, à leur opposer un général en chef inexpérimenté et souffrant de la gravelle ! Puis à la suite, tous ces tribuns sans mandat et sans vergogne, n'ayant pas même la pudeur de la défaite, tous ces charlatans politiques que l'histoire flétrira un jour comme ils le méritent, et qui ont escaladé le pouvoir où ils n'ont montré qu'ignorance et incapacité. La Nation ne voyait pas alors, et ne voit pas encore aujourd'hui, que ces « patriotes » aiment la France comme les sangsues aiment les malades. Ah ! celui qui prédisait alors notre perte passait pour un renégat, et les clairvoyants étaient malvenus à émettre leur opinion : j'en sais quelque chose. Rarement, une nation a montré une aberration semblable. Faut-il qu'un pays soit vivace pour qu'il ait rebondi comme il l'a fait ; car, à l'heure qu'il est, la France est encore, avec l'Angleterre, le pays le plus riche de l'Europe.

l'égalité » (prononcez médiocrité) « et l'affranchissement des peuples! » Voilà les mensonges sonores qui forment notre credo politique; mais ce n'est pas avec cette fumée qu'on fait pousser du blé et qu'on lie des relations avec ses voisins. Nos savants et nos artistes nous sauvent, soit: mais sommes-nous bien surs d'être les seuls au monde pour sonder les mystères de la nature et faire progresser l'humanité? La race anglo-saxonne n'a-t-elle pas apporté une part égale à la nôtre dans les grandes découvertes modernes? Dans presque toutes les grandes inventions humaines, nous avons été les derniers à nous en servir, que ce soit les chemins de fer, la taxe des lettres, les télégraphes, le téléphone (1) ou l'emploi des machines de tous genres.

Prenons seulement deux exemples: les chemins de fer métropolitains existent à New-York, à Londres, à Berlin; ici ils donneraient du travail à des milliers de personnes, ils raccorderaient nos gares de chemins de fer, ils dégageraient l'intérieur malsain et encombré de la ville pour vivre plus sainement la nuit hors du centre des affaires: eh bien! on attend toujours... pour savoir qui aura les pots de vin dans cette grande entreprise.

Autre chose: les canaux latéraux du Rhône sont étudiés depuis longtemps et rendraient la vie et la richesse à dix départements: on a là deux réservoirs précieux dans le lac de Genève et dans les glaciers des Alpes pour fournir l'eau en été. Eh bien! les ministres se succèdent, ils vont étudier la grande œuvre sur place, promettre « le dévouement et le patriotisme de la Cham-

---

(1) D'après le bulletin international de l'électricité publié cette année, les Téléphones ont, en Allemagne, 14,733 abonnés. Il y a là 48 lignes interurbaines, et en France 3 seulement.

Il y a en Angleterre 15.114 abonnés

Italie	8.346	—
France	7.175	—
Belgique	3.365	—
Espagne	594	—

On voit que l'usage du téléphone est en raison directe de l'activité industrielle de chaque pays.

bre (1) » puis... le ministre tombe, et on recommence trois mois après... à ne rien faire.

Pourquoi laisser dépérir le sol même de la Patrie pour aller conquérir au loin des deltas fiévreux qu'il faut arroser du sang de nos enfants et où il faut engloutir des centaines de millions pour des résultats problématiques ?

Nous avons à notre porte une colonie exceptionnelle, l'Algérie, et nous la négligeons, laissant ainsi la proie pour l'ombre.

En industrie, nous faisons des Expositions splendides ; nos voisins viennent piller nos dessins, fabriquer ensuite à moitié prix et prendre notre place sur les marchés de l'univers. Nos ouvriers, que l'on exalte et qu'on flatte pour avoir leurs votes, s'accoutument à un bien-être fort désirable, sans doute, mais qui n'existe pas autour de nous et qui fait que nous fabriquons plus chèrement. Si, encore, nous allions étudier sur place les besoins et les goûts des peuples étrangers (2), nous pourrions modifier notre fabrication, l'adapter aux besoins et aux climats de nos acheteurs, mais il est si doux de rester chez soi, de ne parler que sa langue, d'attendre l'acheteur et de lui imposer ses goûts ! Pendant ce temps-là nos voisins envoient leurs enfants et leurs échantillons à l'étranger, ils créent des relations, étudient les besoins, perfectionnent leur outillage commercial et peu à peu nous évincent des marchés du monde.

Sommes-nous un peuple pratique ?

Je veux bien le croire, mais citons deux faits : nous songeons à célébrer un centenaire politique, à refaire une exposition internationale et à convier les gouvernements étrangers à venir fêter chez nous des principes qui sont l'anéantissement de leur propre existence : avouons que c'est peu tentant pour eux et qu'il est impossible d'agir avec plus de légèreté et d'irréflexion ;

---

(1) On sait que, chez les Députés, ce patriotisme consiste à promettre beaucoup à leurs électeurs, puis, une fois nommés, à taxer les contribuables et à laisser les affaires du pays pour faire les leurs, et rentrer dans les frais de leur élection.

(2) Voir à cet égard les excellentes « Notices coloniales, publiées à l'occasion de l'exposition d'Anvers, en 1885, par le ministère de la marine et des colonies. » Paris, imprimerie nationale. 3 vol. in-8°.

mais nos patriotes seraient bien aises de crier « vive la République » aux oreilles des princes étrangers, comme jadis, certain personnage, aujourd'hui arrivé, cria devant le czar « vive la Pologne » !

Que nous ont rapporté les deux dernières expositions? En 1867, nous avons vu à Paris tous les princes de l'Europe, c'est vrai, mais qu'y ont fait les étrangers? Ils ont constaté à nouveau leur infériorité comme goût et comme invention, puis ils ont pénétré dans nos ateliers, ils ont étudié nos procédés de fabrication, copié nos modèles pour les faire à plus bas prix et, rentrés chez eux, les Anglais ont triplé leur musée industriel de South-Kensington ; à Berlin, à Saint-Pétersbourg, on a fait de même : on a attiré nos contremaîtres et fabriqué à moitié prix des marchandises inférieures, soit, mais qui se vendaient mieux pour ce motif bien simple que les acheteurs sont plus nombreux que les connaisseurs. A Paris, est-ce que tout le monde ne court pas aux magasins du « Louvre » et du « Bon-Marché » ?

Puisqu'aujourd'hui, presque tout se fabrique par des procédés mécaniques, est-ce que les machines ne fonctionnent pas de même des deux côtés du Rhin? Reste la question de goût et de modèles : se gêne-t-on pour les copier?

Prenons l'exposition de 1878 : celle-là a laissé un déficit de plus de trente millions et elle a élevé le prix de toutes choses à Paris ; c'est le plus clair de ses résultats. Ah ! dira-t-on, quand il y a une exposition à Londres ou à Amsterdam, nous y envoyons des députations ouvrières qui font des rapports ! Qu'y-a-t-il dans ces rapports? On a « fraternisé » dans les clubs, on a maudit « l'infâme capital », on a parlé de « l'instruction intégrale », on a répété en chœur que « le bourgeois » est le « microbe du peuple » et tout cela coute des centaines de mille francs à la ville de Paris. Comment en serait-il autrement, quand, après l'incendie de leurs monuments publics par les Parisiens eux-mêmes, ou plutôt par une poignée de bêtes féroces déguisées en hommes, chose dont l'histoire n'offre pas d'exemple, on voit trôner au conseil municipal et à la Chambre des députés les incendiaires?

Comment l'ouvrier de Paris aurait-il le sens droit, quand on voit des Députés déposer un projet de loi pour limiter le travail à huit heures par jour? Est-il possible que de pareilles billevesées, enfantées, bien entendu, comme réclame électorale, puissent s'imprimer dans notre journal officiel et paraître à l'ordre du jour?

Comme, à Paris, on travaille à l'heure, il s'ensuivrait que le gain de l'ouvrier se trouverait diminué ou que le prix de revient de nos produits s'élèverait en proportion, rendant ainsi toute exportation impossible; voilà tout ce que nos « incorruptibles » ont trouvé dans leur cervelle.

Comment aurait-on le sens du juste et de l'injuste, quand on voit le député qui a eu le plus de voix à Paris, présider, au Cirque d'Eté, une réunion ayant pour but d'autoriser le mouillage des vins, c'est-à-dire le vol le plus patent qu'il y ait au monde? Et cela au nom des ouvriers qui en sont les premières victimes! Et c'est à cette population inconsciente et aveugle qu'on donne le suffrage universel! Mieux vaudrait donner un fusil à un singe! Aussi la voit-on nommer des députés qu'elle ne connaît pas et qu'elle n'a jamais vus, même en rêve.....

Allez, chassez les étrangers de vos usines, au nom de la fraternité universelle, continuez à chercher vos conseillers dans le ruisseau, encouragez les insanités qui se débitent dans vos clubs, égorgez les ingénieurs des compagnies minières, glorifiez les assassins, envoyez vos meneurs d'Anzin à la Chambre des députés, si vous n'avez pas assez de médiocrités à Paris, la Province est là qui vous en fournira et si vous croyez ramener par ces moyens la prospérité dans la capitale et guérir la triple crise industrielle, agricole et immobilière dont nous souffrons tous, riches et pauvres, vous vous faites d'étranges illusions!

La crise que traverse l'agriculture et l'industrie en ce moment n'est que le prélude de la concurrence qui devait fatalement s'établir entre l'ancien monde et les terres nouvellement habitées, où le sol et les conditions naturelles aidés par la rapidité et le bas prix des transports rendent la production plus économique. Chaque année, 500,000 Européens dans la force de l'âge et poussés par le besoin d'améliorer leur sort, vont féconder le Nouveau Monde et nous créer une concurrence de plus en plus grande : dans ces pays neufs, la terre ne coûte presque rien, les impôts sont minimes, le service militaire nul, les machines peuvent fonctionner sans entraves et sans le morcellement du sol, le blé peut se produire à 10 ou 12 fr. aux Etats-Unis, à 5 ou 6 fr. dans l'Inde.

Prouvons par quelques chiffres, la confirmation des réflexions qui précèdent. Si nous consultons les « Documents statistiques « réunis par l'administration des Douanes sur le commerce de « la France » et publiés en janvier 1886, nous voyons qu'en dix ans, c'est-à-dire de 1876 à 1885, l'importation en France des fruits de table s'est élevée de quarante-cinq millions à cent huit millions : les vins, de vingt-cinq millions sont montés à trois cent cinquante millions. Enfin, pour ne prendre que des chiffres généraux relatifs à l'agriculture, les objets d'alimentation importés en 1876, pour 962,753 fr., ont monté à 1,380,468 francs en 1885. N'y a-t-il pas là bien des produits que nous pourrions demander à notre propre sol?

Si nous regardons les chiffres de nos exportations, nous les voyons diminuer de 400 millions depuis 4 ans; est-ce là un commerce extérieur en progrès?

Trois choses auront caractérisé la fin du XIXe siècle : la construction des chemins de fer, le percement des isthmes et la fabrication presque indéfinie des produits industriels par des moyens mécaniques. De là une surabondance de ces produits, non seulement chez nous, mais chez tous les peuples voisins. De plus, l'accroissement progressif des populations européennes, en rendant la vie plus difficile sur le sol natal, les pousse à la colonisation des contrées lointaines, de même que les progrès presque sans limites de la production par les forces mécaniques obligent le commerce à chercher au loin des débouchés nouveaux et cela en dehors de toute visée politique ou de calculs stratégiques.

Qui va l'emporter dans cette lutte nouvelle? Sera-ce la France, avec son goût incontestable et son esprit d'invention, mais avec ses armées permanentes, son budget écrasant, ses ministres de passage et ses impôts plus forts que dans toute l'Europe? Les étrangers ont-ils tort quand ils disent que Paris n'est qu'un théâtre de polichinelles, un gargantua qui, en quinze ans, a consommé trente ou quarante ministres de l'agriculture? Que peut faire un homme qui a à peine le temps d'endosser son costume officiel et de connaître ses chefs de service? Ne mourons-nous pas de cette abominable maladie que nos docteurs n'ont pu définir et qu'on appelle « la politique »? Ah! méditons bien ces paroles que prononçait notre illustre Pasteur dans son discours de réception de M. Bertrand, à l'Académie française, le 11 décembre dernier : « La vraie démocratie est « celle qui permet à chaque individu de donner son maximum « d'efforts dans le monde! Pourquoi faut-il qu'à côté de cette « démocratie féconde il en soit une autre stérile et dangereuse « qui, sous je ne sais quel prétexte d'égalité chimérique, rêve « d'absorber et d'anéantir l'individu dans l'État? Cette fausse « démocratie a le goût, j'oserais dire, le culte de la médiocrité : « Tout ce qui est supérieur lui est suspect. On pourrait la défi- « nir : la ligue de ceux qui veulent vivre sans travailler, con- « sommer sans produire, arriver aux emplois sans y être pré- « parés et aux honneurs sans être dignes. »

Une autre maladie, chez nous, consiste à forcer, de par la loi, les départements et les communes à fonder non des écoles d'agriculture dont nous avons tant besoin, mais des écoles normales d'institutrices, en grévant pour cela les budgets des communes, au point de ne plus pouvoir satisfaire les besoins les plus indispensables. On a vu des séances du Sénat, par exemple, celle du 29 décembre dernier, occupée à voter 10 ou 12 emprunts pour fonder des écoles dites normales, là où les besoins d'instruction étaient largement satisfaits. Si l'on faisait le relevé des emprunts faits par les villes et les départements, sans nécessité absolue, on en serait effrayé. Je n'ose pas dire les chiffres que j'ai déjà constatés; mais, qu'on me permette une simple question; y a-t-il correspondance entre l'accroissement de l'instruction et l'accroissement de la moralité publique? Ne confond-on pas l'instruction avec l'éducation? Ne développe-t-on pas l'une aux dépens de l'autre? Enfin, et je termine ce triste sujet, ne constate-t-on pas une criminalité croissante dans la jeunesse et ne voit-on pas commettre aujourd'hui, par des enfants, des crimes qu'on ne connaissait pas autrefois? Oui, je ne crains pas de le dire, à force de faire des écoles d'institutrices, il y aura, dans quelques années, autant d'institutrices que d'élèves; pour garnir certaines écoles on grève les communes et l'on crée des bourses à certaines familles : où cela va-t-il conduire toutes nos malheureuses déclassées? Nous avions déjà des légions de bacheliers inutiles devenant remisiers ou journalistes; que deviendront les institutrices? hélas! je n'ose le dire...

Quand on examine de près notre situation commerciale, si gênée aujourd'hui, il semble que le remède est bien simple (1);

(1) J'avoue que, pour ma part, je ne suis pas porté pour les changements de gouvernement : depuis cent ans que nous sommes dans le provisoire, tous ont fait d'irréparables sottises. Dans une vie déjà longue, j'en ai vu quatre, cela me suffit, et voici ma conclusion : quoiqu'on fasse, c'est comme un déménagement, cela coûte fort cher, et l'on change souvent son cheval borgne pour un aveugle. Il faut toujours combler d'honneurs et d'argent les nouvelles couches gouvernementales, c'est-à-dire les affamés qui, sous tous les régimes, vivent aux dépens du budget. Prenons seulement la masse des contribuables, les méritants, ceux qui travaillent, et adressons-leur ces simples questions : Vous êtes aujourd'hui souverains, vous êtes la force, puisque vous êtes le nombre : hé! bien, voyons : Payez-vous moins d'impôt? Votre loyer est-il diminué? La vie matérielle est-elle moins chère? La moralité publique a-t-elle augmenté? Y a-t-il moins d'enfants illégitimes? Votre commerce est-il plus prospère? Et vous, ouvriers, vous est-il plus facile de vous élever par le travail, et d'assurer le repos de votre vieillesse? — Hélas, non! — Hé bien alors.....

Au reste, quand on entend gronder sourdement les orages qui menacent les sociétés modernes, on est en droit de se demander si les pouvoirs publics ont fait ce qu'indique la prévoyance pour nous mettre à l'abri des tempêtes sociales qui éclatent de temps à autre. Les uns, sous prétexte de respecter le droit d'asile, reçoivent l'écume des révolutionnaires et des pestiférés politiques qui apportent avec eux leurs fatales utopies; les autres, pour faire de la réclame électorale, promettent ce qu'ils ne peuvent tenir. Si les réunions publiques sont libres, les folies et les menaces éclatent au grand jour; si elles sont interdites, on a recours aux complots, et la lutte prend un autre nom : elle produit les régicides, et le fond est le même. Sans doute, la charité fait des miracles, mais, dans le corps social, il y a, comme dans le corps humain, l'hygiène et la thérapeutique. La charité, gardons notre marché intérieur et égalisons par des mesures de douanes nos conditions de production avec celles de nos voisins. Soit, mais n'allons-nous pas augmenter chez nous le prix de la vie matérielle? Oublions-nous que nous sommes le peuple le plus imposé de l'Europe? Que le blé, le pétrole, le fer, le charbon, la viande, la laine, tout cela se produit à meilleur marché hors de chez nous? Que nous sommes liés par des traités de commerce? Que nos grands ports, que les intérêts de notre navigation demandent des ménagements? Que les étrangers nous répondront par des lois prohibitives, comme on l'a vu aux Etats-Unis, dans la question des porcs trichinés?

Non, ce n'est pas là qu'est le remède à la situation présente.

Qu'on se pénètre d'abord de cette vérité : que la forme de gouvernement, si importante qu'elle soit, n'est qu'au second plan pour remédier aux difficultés présentes (1). Il nous faudra

---

comme la thérapeutique, soulage et guérit quelquefois, mais mieux vaut faire de l'hygiène, prévenir le mal, améliorer les conditions du travail par les sociétés coopératives, les sociétés de secours mutuels, les caisses de retraite, etc., etc. Quand, en Europe, le choléra fait irruption, on prend toutes les précautions pour l'éviter. Hé! bien, nous sommes menacés d'une épidémie bien autrement terrible : le socialisme, c'est-à-dire la guerre à la propriété par tous les moyens, l'assassinat, le feu, la dynamite. Dans tous les pays, le but est le même : déposséder celui qui a : on ne dit plus comme au temps des Saint-Simoniens : « A chacun suivant ses œuvres », ce qu'on veut, c'est la richesse par la violence, sans le travail et l'économie.

N'y a-t-il pas ici de la faute de tout le monde ?

(1) Pour prouver combien nous sommes amoureux de la *forme*, et peu soucieux du *fond*, rappelons-nous un célèbre tribun qui, pour sa réclame électorale, allait présider les banquets des commis-voyageurs et des marchands de vin. Pendant dix ans, son talent de parole a tenu le pays suspendu à ses lèvres, et cependant, dans cette outre gonflée de vent, qu'y avait-il ? Après avoir déchaîné la populace, elle a disparu pendant la Commune, pour revenir ensuite tirer les marrons du feu, une fois l'orage passé. Alors, on ne voyait là qu'un « fou furieux ». Ce tribun a-t-il fait les affaires de la France ? Il a fait les siennes et celles de ses amis! Lorsqu'il a été au pouvoir, a-t-il déraciné un

un ensemble de mesures, une suite d'idées, une persévérance qui est peu dans notre nature : une politique stable, un budget en équilibre, des réformes dans le fonctionarisme, l'instruction professionnelle et agricole sous toutes les formes, l'emploi raisonné des engrais minéraux et des machines perfectionnées, l'association pour la production agricole, la diminution des frais de transport, la construction de canaux pour l'irrigation, la création de champs d'expériences, l'instruction manuelle répandue partout, comme en Suède et en Allemagne, l'observation des progrès accomplis chez nos voisins, l'étude des langues vivantes, les voyages et le séjour de notre jeunesse à l'étranger, etc., etc.

Comme je l'ai dit précédemment, ce qui distingue surtout l'agronomie moderne de l'ancienne, c'est l'application de la science aux procédés agricoles, c'est l'emploi des machines pour faciliter la main d'œuvre, c'est enfin la fertilisation du sol par l'apport d'engrais minéraux pour compléter l'insuffisance de la fumure au fumier de ferme et donner à la plante les éléments de nutrition qu'à signalés l'analyse chimique.

Déjà, au XVIe siècle, Bernard Palissy, un de nos plus grands génies, avait ouvert la voie dans son immortel ouvrage. Le Baron de Liebig, dans son livre sur « les lois naturelles de l'Agriculture » publié en 1862, a fait ressortir par des faits irrécusables la nécessité de la loi de restitution. Depuis une vingtaine d'années, la facilité des communications et le bon marché des transports ont ouvert des contrées neuves très fertiles au commerce du monde, et ont mis leurs produits en concurrence avec les nôtres ; il faut

---

abus? fait triompher une idée utile? fondé quelque chose pour mériter des funérailles qui, avec celles d'un grand poète, ont été le triomphe du charlatanisme, au point de faire pâlir Barnum lui-même? Ces foules ne rappelaient-elles pas l'âne portant des reliques? Quand notre grand orateur retourna à son fidèle Belleville, auquel il avait tant promis et donné si peu, il fut accueilli par des sifflets auxquels il répondit avec rage, en s'esquivant par une porte de derrière : « Je vous poursuivrai jusque dans vos repaires! ». Je ne crains pas de le dire : si, dans notre société actuelle, Robert Macaire revenait au monde, et voyait élever une statue à notre idole sur la place du Carrousel, il n'hésiterait pas à se porter candidat au prix Monthyon.

donc que notre agriculture se transforme et qu'elle demande à la science les moyens de lutter avec l'étranger.

Si on lit le rapport officiel fait au Sénat par M. Krantz sur la crise actuelle, on voit qu'il l'attribue à plusieurs causes :

1° L'excès de nos impôts qui s'élèvent à 104 francs par tête en moyenne; nous sommes le peuple le plus imposé en Europe et des calculs, dignes de foi, montrent que certaines terres payent de 20 à 30 pour cent de leur revenu ;

2° Le haut prix de la terre qui charge le fermage de trop gros intérêts;

3° Le morcellement du sol qui est souvent inaccessible à l'enlèvement des récoltes, à l'apport des engrais, à l'irrigation, au drainage, à la culture mécanique;

4° Le haut prix et la rareté de la main-d'œuvre comparée avec celle de nos voisins;

5° L'insuffisance d'instruction technique.

A quelques exceptions près, nos agriculteurs, propriétaires ou fermiers n'ont reçu aucune instruction professionnelle; ils cultivent leurs terres comme leurs prédécesseurs le faisaient et ne tiennent pas compte des enseignements de la science.

Parlerai-je, enfin, de la concurrence étrangère? Tout le monde sait aujourd'hui que le Canada, l'ouest des États-Unis, le Texas, la Plata, l'Inde et l'Australie peuvent produire du blé à des prix bien inférieurs aux nôtres et, malgré l'éloignement, tous ces pays, pour divers motifs, seront pendant longtemps pour nous une concurrence redoutable.

Si, du blé, nous passons aux plantes oléagineuses, nous trouvons qu'elles ont une concurrence dans le pétrole; la viticulture est aux prises avec le phylloxera, la garance est tuée par l'alizarine, le charbon est plus cher chez nous qu'en Prusse et en Angleterre, les laines d'Australie nous inondent et nos impôts augmentent tous les jours! Il faut aviser.

Ne nous laissons pas abattre, cependant, quand nous voyons les aérostats dirigeables, la guérison de la rage et la transmission de la force par l'électricité; un pays qui a produit un Chevreul, un Dumas et un Pasteur ne doit jamais désespérer.

J'ai souvent signalé, dans le cours de cette note, notre manque d'instruction professionnelle.

Nous allons, maintenant, chercher ce qui s'est fait en ce genre, chez nous et chez nos voisins et nous tâcherons, si c'est possible, de tirer de cette étude quelqu'utile enseignement.

FRANCE

En France, pendant tout le moyen âge, la science agricole, comme beaucoup d'autres, semble être reléguée dans les couvents.

Occupés à s'entre-déchirer et à se détrôner les uns les autres, nos pères, à cette époque, comme dans l'antiquité, méprisaient le travail des champs qui, cependant, les faisait vivre : de là une opinion fausse sur la carrière agricole, opinion qui devait durer des siècles et qui pèse encore sur l'esprit de bien des gens aujourd'hui.

Au XVIe siècle, on voit paraître les travaux de Bernard Palissy, le théâtre d'agriculture d'Olivier de Serres, puis successivement, les œuvres de Le Nôtre, de La Quintinie, etc... Trois chaires de botanique avec jardins d'expériences créés sous Henri IV, l'une à la Faculté de Montpellier, l'autre à la Faculté de Paris et la troisième instituée au Jardin des Plantes en 1640, résument pendant près de deux cents ans tout l'enseignement agricole. Lavoisier avait voulu former un vaste champ d'expériences avec tous ses accessoires scientifiques ; mais ce ne fut qu'en 1798 que l'ancienne Société royale d'agriculture commença à rédiger des instructions dans le petit journal : *La Feuille du Cultivateur*.

Chaptal s'efforça ensuite d'organiser l'enseignement de l'Agriculture dans les écoles primaires et les écoles spéciales ; mais toutes ces tentatives furent presque sans suite ; on ne comprenait pas dans ces temps de guerres et de conquêtes les avantages que les agriculteurs peuvent tirer d'une instruction professionnelle.

L'un des premiers, Mathieu de Dombasle, fonda en 1822 à Roville, près de Nancy, une école spéciale et une fabrique d'instruments aratoires perfectionnés; puis vint l'école de Grignon, fondée par Bella en 1827 et reprise par l'Etat en 1830; enfin l'école de Grand-Jouan fondée par Rieffel, et celle de la Saulsaie dans l'Ain.

Malheureusement un Institut agronomique, établi à Versailles en 1848, pourvu de fermes étendues et de professeurs distingués, fut supprimé en septembre 1852, et remplacé seulement en 1876 par l'Institut actuel.

De son côté, l'Etat fondait, en 1861, l'école de drainage et d'irrigation de Lézardeau (Finistère), puis l'école de Bergers du Haut-Tingry (Pas-de-Calais). N'oublions pas les applications de la Chimie à l'agriculture déjà proposées par Lavoisier et réellement mises au jour par l'illustre Boussingault à Bechelbronn.

Après lui vint la station de Rothamstead, en Angleterre; celle de Moëckern, en Allemagne, enfin celle de M. Ville à Vincennes en 1860 et celle de M. Grandeau à Nancy, en 1868.

Vers la même époque, s'ouvrait à Montpellier l'école d'agriculture qui devait remplacer celle de la Saulsaie et devenir le centre de recherches et d'expérimentations plus particulières à l'agriculture méridionale. Enfin, en 1874, se fonda, à Versailles, notre École nationale d'horticulture dans l'ancien potager royal du Château.

A partir de 1875, plusieurs lois et décrets, dont le dernier est de M. Hervé-Mangon pour les prix d'honneur de la petite culture, et celui de M. Gomot, pour l'établissement des champs de démonstration (1), règlent notre enseignement agricole sous

(1) M. Gomot, imitant chez nous ce qui se fait à l'étranger, voudrait mettre partout, sous les yeux des cultivateurs, toutes les améliorations dont le sol est susceptible, toutes les découvertes de la science et de la pratique agricole. Le cultivateur français n'obtient que de petits rendements, 70 hectolitres par laboureur, tandis que la production atteint jusqu'à 140 hectolitres ailleurs. Par les champs d'expériences, on constate la valeur comparative de différentes semences, l'effet de la plantation à différentes époques et à diverses profondeurs, la valeur et le mode d'emploi des différents engrais, l'étude

toutes les formes. Nous allons l'esquisser à grand traits pour en faire comprendre toute l'importance (1).

Citons, en premier lieu, l'Institut agronomique créé par la loi du 9 août 1876, auquel est adjoint un établissement de recherches et d'expérimentation à Joinville-le-Pont. C'est, à proprement parler, l'école Polytechnique de l'Agriculture.

Là, l'enseignement d'un ordre supérieur est donné par les notabilités du monde scientifique pendant deux ans; il est complété par vingt-quatre stations agronomiques subventionnées par l'Etat, et on lui a joint, le 15 avril 1884, une station d'essai de semences agricoles et forestières sous la direction de M. Schribaux.

Après l'Institut agronomique viennent trois écoles nationales d'agriculture, à Grignon, à Grand-Jouan et à Montpellier.

Les élèves sont environ au nombre de 250. Le régime est facultatif pour l'internat ou l'externat, et le prix de la pension est de 1,200 francs pour Grignon, de 1,000 francs pour les deux autres. La durée des études est de deux ans et demi.

Comme écoles nationales d'un ordre différent, il faut citer nos trois écoles vétérinaires à Alfort, à Lyon, et à Toulouse, puis l'école d'irrigation de Lézardeau, l'école forestière de Nancy, enfin l'école d'horticulture de Versailles. Cette dernière ne reçoit malheureusement que des élèves externes; l'instruction y est donnée gratuitement et la durée des études est de trois années.

---

de l'hybridation, les moyens de lutter contre les parasites végétaux et animaux, l'inoculation du bétail, l'usage des machines perfectionnées, etc., etc...

(1) *Annuaire du Ministère de l'Agriculture pour* 1882. — Paris. Imprimerie Nationale.

En France, l'administration des services de l'Agriculture a appartenu successivement à plusieurs ministères. En premier lieu, en 1828, au Ministère du Commerce, en 1829, au Ministère de l'Intérieur; puis, de 1834 à 1836, au Ministère du Commerce, de 1836 à 1839, au Ministère des Travaux publics; de 1839 à 1852, au Ministère de l'Agriculture et du Commerce; de 1853 à 1869, au Ministère du Commerce et des Travaux publics; enfin, en 1871, il y a eu le ministère de l'Agriculture. Espérons qu'on s'en tiendra là !

L'enseignement comprend tous les travaux théoriques et pratiques relatifs au jardinage.

En outre des bergeries du Haut-Tingry et de Rambouillet destinées à l'enseignement, la conduite et la bonne tenue des troupeaux, nous avons la vacherie nationale de Corbon ; puis l'école d'agriculture et de viticulture de Beaune inaugurée le 22 janvier 1885.

A leur suite, il nous faut mentionner douze écoles d'agriculture pratique à Saint-Bon (Haute-Marne), au château de Tomblaine (Meurthe), à Merchines (Meuse), à Saint-Remy (Haute-Saône), à la Brosse (Yonne), à Valabre (Bouches-du-Rhône), à Nubourg (Eure), à la Molière (Puy-de-Dôme), à Avignon (Vaucluse), à Saulxures (Vosges), à Ecully (Rhône) et à Rouiba (Algérie).

Il vient de s'en ouvrir une dirigée par M. de Roosmalen, à Bertonval (Pas-de-Calais).

Il existe aussi à Beauvais une excellente école d'Agriculture, dite Institut agricole, sous la direction du frère Eugène-Marie.

Enfin, nous avons 75 chaires départementales d'agriculture et 25 fermes-écoles dans divers départements pour l'instruction pratique des fils de fermiers ; ces fermes-écoles sont confiées à des directeurs agissant sous leur propre responsabilité.

Dans toutes ces écoles, l'enseignement, à tous les degrés, est nécessairement limité à un petit nombre d'élèves ; mais les notions agricoles doivent être mises à la portée de tous et faire partie de l'enseignement primaire : de tous côtés on travaille dans ce but par la création de chaires départementales d'agriculture, par des conférences nomades, par l'obligation imposée aux instituteurs de modifier le programme de leurs cours suivant le sol, le climat et les besoins du département qu'ils habitent : un pays voué aux cultures industrielles comme le Nord, exigera d'autres connaissances qu'un pays vignoble, et ce même pays vignoble nécessitera pour l'Ouest de la France des notions qui ne seront pas celles qu'on donnera en Algérie.

Cette importante colonie a une école à Rouiba, mais il lui manque une école de viticulture pour diriger et développer l'une des plus grandes ressources du pays dans l'avenir.

Pour compléter le tableau de notre enseignement agricole, il me faudrait citer l'école des haras du Pin (Orne), fondée en 1874, pour enseigner tout ce qui regarde la science hippique, puis les orphelinats et les colonies agricoles destinés à recevoir les enfants pauvres ou abandonnés afin de les élever et de les diriger vers les travaux des champs.

Pour tous les esprits éclairés, il est hors de doute que c'est vers les campagnes qu'il faut aller retremper toutes ces races résultant des vices et des misères des grandes villes où le tiers des naissances est illégitime.

Je n'ai pas besoin de mentionner ici l'influence si précieuse qu'exercent les concours régionaux qui, dans ces dernières années, ont acquis tant d'importance pour développer et populariser l'usage des machines agricoles et pour faire connaître les meilleures races d'animaux propres à chaque partie de la France.

En tête de ces concours doit se placer celui qui a lieu à Paris, au palais de l'Industrie, au printemps, et où on trouve, en outre de l'outillage agricole, les animaux de ferme de tous genres, les semences et les plantes fourragères, industrielles et alimentaires, les fruits frais et conservés, les vins d'Algérie et les expositions scolaires.

Tous les ans, ce concours général prend une plus grande importance.

En outre des prix ordinaires, un arrêté récent institue des prix d'honneur pour la petite culture et pour les journaliers ruraux : enfin, on aura rendu justice à cette masse de travailleurs modestes, de serviteurs à gages, de petits vignerons et maraîchers qui contribuent pour une si large part à la richesse publique. Ce que l'on est heureux de voir surtout s'étendre, ce sont ces associations agricoles ou syndicats devant servir d'intermédiaires gratuits pour l'acquisition des engrais et des instruments utiles à l'agriculture, pour favoriser l'emploi des bonnes semences et développer l'instruction.

Jusqu'à présent, on n'avait guère fait de syndicats que pour l'irrigation et l'entretien des canaux : on a multiplié d'abord les syndicats pour la défense des vignes contre le phylloxera; aujourd'hui les agriculteurs doivent plus que jamais s'unir et se fortifier par l'association qui a centuplé les forces de l'industrie.

Si maintenant nous recherchons dans le budget du ministère de l'agriculture ce que coûte à l'état l'enseignement agricole, nous ne pourrons nous empêcher de trouver ce budget bien maigre en comparaison de celui de la guerre:

Pour 1886, l'intérêt de la dette publique est de 1,357,200,974 francs. Le budget du ministère de la guerre et de la marine est de 811,911,050 francs; celui de l'agriculture de 23,686,370 fr. seulement. Ainsi, sur un budget total de 1886, soit 3,815,474,836 francs, nous avons à payer 1357,200,974 francs pour les folies guerrières de nos pères et de plus, nous payons pour la guerre (je ne parle pas du temps donné par la fleur de notre jeunesse) nous payons près de 812 millions, tandis que l'industrie qui occupe les 2/3 des populations et qui est la mère de toutes les autres n'a que 23,686,470 francs! Le crédit accordé pour le personnel de l'enseignement agricole et les établissements d'élevage n'est que de 741,570 francs dont 180,000 francs sont alloués aux chaires départementales d'agriculture et aux cours nomades. A l'Institut agronomique il est alloué 281,050 ; aux écoles d'agriculture 808,330 ; enfin à l'école d'horticulture de Versailles, 94,950 francs.

Pour 1886, 22 fermes-écoles et 16 écoles pratiques d'agriculture obtiennent 652,400 francs pour environ 850 élèves, et nos stations agronomiques 85,000 francs.

Nous avons chez nous 51 colonies agricoles et Orphelinats contenant 2,500 orphelins qui reçoivent 70,000 francs de l'Etat. Le plus important de ces asiles est celui de Mettray.

Je rappellerai ici que le budget accorde 132, 300 francs pour le personnel de l'enseignement forestier qui comprend trois degrés: l'enseignement supérieur à l'école de Nancy, l'enseignement secondaire dans les trois écoles de Toulouse, Villers-Cotterets et Grenoble, où se forment les gardes forestiers, enfin l'enseignement primaire à l'école des Barres, pour les enfants des préposés forestiers qui se préparent à l'emploi de gardes.

Une loi du 25 mars 1872 a créé dans chaque arrondissement

une chambre consultative d'agriculture, destinée à présenter au Gouvernement ses vues sur toutes les questions qui touchent aux intérêts agricoles, aux douanes, aux octrois, à la police des eaux, aux foires et marchés. Au-dessus de ces Chambres, plane la Société nationale d'agriculture de France, dont le siège est à Paris et dont le but est de répondre aux demandes du Gouvernement sur tout ce qui intéresse le progrès et le développement de l'industrie agricole. Elle a, en outre, pour mission d'étudier toutes les questions se rattachant à l'économie rurale, aux maladies des plantes et des animaux etc., etc. Nous avons enfin dans les départements :

146 sociétés d'agriculture,
90 sociétés d'horticulture,
607 comices agricoles.

Parmi les sociétés libres vient en première ligne la société des Agriculteurs de France, dont le siège est à Paris et qui compte plus de 6,000 membres ; la société d'encouragement à l'Agriculture ; enfin la Société nationale d'Horticulture.

Rappelons à ce sujet que la ville de Paris fait faire depuis longtemps un cours d'arboriculture par un professeur spécial et que d'habiles jardiniers font aussi des cours pratiques gratuits à Montreuil et dans plusieurs communes environnantes.

Quelle armée de travailleurs et que de savants nous venons de passer en revue pour n'arriver en somme à ne produire que de 15 à 16 hectolitres de blé à l'hectare, c'est-à-dire, à être les avant-derniers sur la liste des producteurs de céréales en Europe !

On voit par les détails qui précèdent qu'en France on a déjà fait beaucoup pour l'Agriculture, mais qu'en présence de la concurrence formidable des pays étrangers il reste encore beaucoup à faire.

Voyons maintenant les établissements scientifiques de nos voisins.

ALLEMAGNE

L'empire d'Allemagne est aujourd'hui à la tête de l'Europe, si ce n'est pour la production, du moins pour l'enseignement agricole. Ses stations agronomiques, ses laboratoires de chimie, ses écoles de tous genres dépassent tout ce qui existe ailleurs. Après nous avoir vaincus par les armes, il cherche à nous vaincre par la science et par l'esprit d'entreprise commerciale. C'est pourquoi l'étude de ce qui se passe de l'autre côté du Rhin et sur les divers marchés du monde, doit être pour nous l'objet des plus sérieuses méditations. Puisse l'avenir nous faire regagner l'avance que nos voisins ont déjà prise sur nous !

La plus ancienne école a été établie en 1722 à Kœnigshorst, dans le Brandebourg, par Frédéric-Guillaume Ier. Il faut ensuite venir jusqu'au célèbre Thaer pour voir surgir un système complet d'enseignement agricole : il débuta par l'établissement d'une école privée. à Mœglin, en 1807. Thaer fut nommé professeur à l'Université de Berlin, où il resta jusqu'en 1818. Six ans après, l'école de Mœglin fut érigée en Académie royale d'Agriculture ; on fonda l'Académie de Hohenheim, puis celle de Schleishem, en 1822, d'Iéna en 1826, d'Eldena en 1835, de Wiesbaden en 1836, de Tharand en 1839, de Begenwalde en 1842, de Poppelsdorf en 1846, de Proskau en 1847, etc.

Examinons rapidement l'état actuel de l'enseignement en commençant par les écoles supérieures (1).

Ce sont d'abord les académies agronomiques, forestières et vétérinaires qui correspondent à notre enseignement supérieur et se divisent en deux catégories suivant qu'elles ont une vie propre ou qu'elles sont rattachées à une Université royale ; elles comprennent :

1° L'*Institut agronomique de l'Université de Kœnigsberg*, avec

(1) Statistik der landwirthschaftlichen und Zweckverwandten Unterrichts — Anstalten Preussens, 1884 — Mentzel und Lengerke's Kalender. Berlin, 1886.

jardin spécial pour les plantes économiques, une clinique vétérinaire et un laboratoire de chimie agricole;

2 L'*Institut agronomique de l'Université royale de Breslau;* on y trouve un laboratoire de chimie zoologique et un institut vétérinaire, qui sont en relations avec la station d'essai de la Société d'Agriculture de la Silésie;

3° L'*Institut agronomique de l'Université royale de Halle*, fondée en 1863 : il contient un vaste jardin, un parc d'animaux domestiques, une station d'essais chimiques, des champs d'expériences, une clinique vétérinaire, une école de laiterie, un musée, etc;

4° L'*Institut agronomique de l'Université de Kiel* avec une station d'essais chimiques et une école de laiterie;

5° L'*Institut agronomique de l'Université royale de Gœttingen* : on y trouve des laboratoires pour la chimie agricole, un institut vétérinaire, une station d'essai, des jardins spéciaux, etc.

Les écoles suivantes ont une existence propre :

6° L'*École agronomique supérieure de Berlin*. Cette école définitivement installée en 1881, avec un grand luxe, comprend un institut minéralogique, un institut de géologie agricole, un institut technique de culture, un institut botanique, un laboratoire de physiologie végétale et animale, un laboratoire de recherches pour l'industrie sucrière, la distillerie et la féculerie, un institut zootechnique, un magnifique musée de machines agricoles, une collection complète des crânes des animaux domestiques et une collection de plantes agricoles;

7° L'*Académie royale agronomique de Poppelsdorf*, près Bonn. Elle a un institut de géodésie agricole, un institut technique de culture, comme à Berlin, et une ferme-modèle, un champ d'essai, une école d'arboriculture et de culture potagère, une vaste bibliothèque et une salle de machines;

8° L'*Académie royale forestière d'Eberswald* dans la province ds Brandebourg;

9° L'*Ecole royale vétérinaire de Berlin*;

10° L'*Académie royale forestière de Munden*, près Gottinguen, province de Hanovre;

11° L'*Ecole royale vétérinaire de Hanovre.*

Ces écoles ont eu, pendant l'hiver 1884-1885, 1.296 élèves. Le nombre des professeurs titulaires et suppléants a été de 179 pour l'enseignement supérieur seulement.

Le Ministère de l'Agriculture, des Domaines et des Forêts a donné, du 1er avril 1884 au 31 mars 1885, une subvention de 971,787 marks, dont 237,800 marks pour les sociétés d'agriculture chargées des stations d'essai et de l'instruction agricole. En outre de cette somme, le ministère de l'Agriculture a alloué une somme de 241,692 marks pour les écoles vétérinaires.

Parlons maintenant des *Ecoles agronomiques* ou écoles secondaires.

Elles sont réparties dans différentes villes et sont au nombre de seize; elles comptent 2.200 élèves environ avec 188 professeurs et des subventions de 350.000 marks provenant de l'Etat, des villes voisines et du cercle où elles se trouvent. Souvent, les villes intéressées constituent des bourses ou des demi-bourses pour des cas particuliers : les deux écoles qui comptent le plus d'élèves sont, celles d'Hildesheim et de Bitburg.

Passons aux *Fermes-Ecoles.*

Elles sont au nombre de trente-trois, ayant chacune environ 40 élèves, sous l'inspection de 1 à 5 professeurs. Leur subvention est de 132.500 marks.

C'est ici le cas de parler de ce qu'on appelle en Allemagne les « curatoriums » ou comités de patronage et d'administration, qui se composent des membres de l'Université, de la haute administration et des gros propriétaires fonciers dont l'expérience pèse d'un grand poids dans la direction à donner aux études. Cette institution de « curatoriums » a l'avantage de consacrer les écoles aux intérêts de la région dans laquelle elles sont placées.

Les Ecoles agronomiques d'hiver ont pour but d'utiliser, pour la théorie, la saison qui commence en octobre pour finir aux premiers jours d'avril, et pendant laquelle beaucoup de travaux des champs sont suspendus. Ces écoles d'hiver sont fréquentées par 1,200 élèves environ et elles reçoivent une subvention de 160,000 marks.

Il existe en Allemagne un très grand nombre d'écoles ayant

pour objet une branche particulière de la science agricole, comme la laiterie, l'art forestier, la maréchalerie, le jardinage, etc. ; nous allons rapidement les passer en revue, en commençant par :

Les Ecoles spéciales de culture de prairies et de drainage, au nombre de cinq, à Dhame, Suderbourg, Siegen, Hof Geisberg et Kersch-Neuhaus.

Les Instituts pomologiques et Ecoles de Jardinage en tête desquelles nous plaçons leur aînée, l'Ecole royale de Potsdam, fondée en 1824 et qui compte une quarantaine d'élèves. Puis l'Institut pomologique de Proskau, fondé en 1868 : il avait, en 1884, 67 élèves : sa subvention est de 35,000 marks. L'Ecole royale de pomologie et de viticulture de Geisenheim, fondée en 1872 : ses cours sont suivis par 130 auditeurs divers groupés autours de 9 professeurs, avec une subvention annuelle de 49.000 marks. Enfin, *la Flora,* école supérieure de jardinage, près de Cologne. Elle a pour directeur M. J. Niepraschk. Commencée en 1872, cette école est la propriété d'une Société anonyme.

Les Ecoles de Jardinage sont au nombre de trente : il serait trop long et sans intérêt de les énumérer ici ; elles sont fréquentées, en moyenne, par une vingtaine d'élèves : la plus suivie est celle de Imgenbroich, près d'Aix-la-Chapelle ; elle avait, en 1884, 136 élèves.

Il nous reste à parler des *Etablissements divers* que nous ne ferons que mentionner. Ce sont ceux qui s'occupent de la fabrication du sucre et des spiritueux dans les fermes, les écoles de laiterie, celles qui enseignent la tenue de la maison, l'apiculture, enfin le écoles de maréchalerie.

Je termine ce qui concerne la Prusse en citant les écoles de perfectionnement au nombre de quatre cent soixante-quinze, réparties dans treize provinces.

Voyons maintenant rapidement les écoles qui existent en dehors de la Prusse, en commençant par la *Bavière.*

Comme enseignement supérieur et secondaire, on compte : 1° La section agronomique de l'Ecole technique de Munich ; 2° L'Ecole des Ingénieurs agricoles ; 3° l'Ecole centrale d'Agronomie de Weihenstephan, près Freising, fondée en 1822 à Schleischeim, réorganisée en 1852 à Weihenstephan; 4° les cours forestiers à l'Université de Munich et celui de l'Académie forestière d'Aschaffenburg; enfin l'école royale vétérinaire de Munich.

L'enseignement primaire dans la Bavière, le Palatinat et la Franconie serait trop long à détailler ici: il a pour objet l'arboriculture, la laiterie, etc., etc. et comprend 23 Ecoles régionales et 911 écoles de perfectionnement.

En Saxe, l'enseignement supérieur comprend: 1° l'Institut agronomique de l'Université royale de Leipzig: 2° l'Académie royale forestière de Tharand, près Dresde, avec une station de contrôle de graines: 3° l'Ecole royale vétérinaire de Dresde.

L'enseignement secondaire et primaire comprend dans le cercle de Dresde, de Leipzig, de Zwickau, de l'Erzgebirge et de la haute Alsace, 15 écoles agronomiques, de jardinage ou de culture du lin.

Dans le *Wurtemberg,* il y a en première ligne, l'Institut royal agronomique de Hohenheim, établissement modèle, qui a une ferme de plus de 250 hectares, comprenant des ateliers de machines, une sucrerie, une brasserie, une distillerie, etc., puis viennent 3 écoles d'agriculture à Ellvangen, Ochsenhausen et Kirchberg; 4 écoles agronomiques de Hall sur le Kocher, de Heilbronn, de Ravensbourg, de Reutlingen et d'Ulm; l'École de viticulture de Weinsberg, l'école vétérinaire de Stuttgard, où se trouve aussi une école pour ingénieurs agricoles; enfin, le grand Institut pomologique de Reutlingen et l'école de jardinage de Unter-Lenningen, alliée à celle de Reutlingen, établissement privé de M. Lucas.

Dans le *Grand Duché de Bade,* il y a à Calsruhe, l'école forestière annexée au « Polytechnicum » l'école agronomique d'hiver, l'école d'arboriculture, l'école de drainage et un Institut œnologique avec une station d'essais chimiques: on compte en outre en diverses villes, douze écoles agronomiques d'hiver.

Le Duché de *Hesse* possède, à l'Université de Giessen, un institut agronomique, un institut forestiers et un institut vétérinaire. Il y a en plus à Worms, une école agronomique supérieure et 4 écoles agronomiques d'hiver à Darmstadt, Friedberg, Alsfeld et Büdingen.

Il serait trop long d'énumérer toutes les autres écoles dans le grand Duché de Mecklenbourg-Schwerin, de Saxe-Weimar d'Oldenbourg, de Brunswig, Saxe-Meiningen, Saxe-Altenbourg, d'Anhalt, et Alsace-Lorraine. Dans ces divers duchés, on compte 22 écoles ayant pour objet l'enseignement de l'agriculture et du jardinage.

En Allemagne, il nous faudrait citer encore les stations d'essais ou de contrôle s'occupant surtout de l'analyse des terres et des engrais et de l'examen des semences : on compte de 28 à 30 laboratoires d'analyses. Quant aux sociétés agricoles, il y a en Prusse environ quarante sociétés centrales ayant 1,600 sociétés affiliées.

Je terminerai cette étude en résumant le nombre de quelques sources d'enseignement scientifique : on compte en Allemagne 99 sociétés de botanique et de sciences naturelles, 50 stations agronomiques, enfin 39 jardins botaniques.

Je craindrais de fatiguer le lecteur en continuant cette longue énumération d'écoles, de sociétés, de laboratoires et d'académies de tous genres, qui prouvent les gigantesques efforts de l'Allemagne pour répandre partout l'enseignement agricole. Je ne saurais trop engager mes compatriotes à parcourir les principaux établissements scientifiques de nos voisins. C'est le voyage le plus instructif que puisse faire un agronome jaloux de la gloire de son pays.

AUTRICHE-HONGRIE

Lorsque de l'Allemagne du Nord, on passe dans l'empire d'Autriche, on voit que l'enseignement agricole y a pris aussi une importance considérable. Comme ailleurs, l'instruction est à trois degrés; le nombre des écoles, des sociétés et des casinos agronomiques y est si considérable que les citer tous serait peu intéressant pour le lecteur; je me bornerai à mentionner les trois grandes divisions de l'enseignement, j'en indiquerai les établissements principaux, puis je donnerai une idée générale des écoles ou des sociétés qui s'y rattachent (1).

1° *L'Enseignement supérieur de l'agriculture* a été institué à Vienne en 1872. Nous en reparlerons plus loin.

2° *L'Enseignement secondaire* donné par les *Ecoles agronomiques* existe dans onze villes principales et date de 1850 à 1885 : ce sont les villes de Modling (Basse-Autriche) Tetschen, Liebwerel, Tabor, Chrudini et Raudnitz, Hrecholusk, en Bohême, Neutitschein et Beran en Moravie, Ober Hermstorf, en Silésie, Dablany et Czernichow en Galicie, enfin Czernowitz en Bukownie.

3° Il y a trois *Ecoles forestières* fondées de 1852 à 1874, à Eulemberg (Moravie), Weisswasser (Bohême) et Lemberg, en Galicie.

4° *L'Ecole de viticulture* et de *pomologie* de Klosternenburg, près Vienne.

5° *L'Enseignement primaire* que l'on désigne aussi sous le nom d'écoles de culture et écoles agronomiques d'hiver; elles datent de 1850 à 1885 : on en compte 36 dans diverses villes de l'Empire.

6° Les *Ecoles de laiterie* et de *tenue de maison*, au nombre de trois à Ranaridi (Haute-Autriche), Marienhof-Pichlern (Carinthie), et Kremsier (Moravie).

7° Les *Ecoles de culture forestière* à Aggsbach, Gusswerk, Hall, Bregenz et Bolechow.

8° Les *Ecoles primaires d'horticulture, d'arboriculture et de viticulture*, au nombre de dix-sept et fondées de 1855 à 1885.

9° Les *Ecoles de brasserie et de distillerie*, au nombre de quatre, une à Modling, deux à Prague, et une à Dublany.

---

(1) Fromme's Oesterreich-Ungarisher Garden-Kalender, Wien, 1886. Die land und forstwirthshaftlichen lehranstalten oesterreichs zusammengestellt im K.K, Ackerban-ministerium. Wien, 1885.

10° Une *Ecole d'élevage de vers à soie* fondée en 1869 à Gorice.

11° On compte enfin huit *écoles vétérinaires militaires et civiles :* à Vienne (elle date de 1777), à Lemberg, Gratz, Prague, Laibach, Olmutz, Brunn et Klagenfurt.

En outre de l'enseignement donné par les écoles ci-dessus, il est fait des conférences dans presque toutes les villes importantes, sur le drainage, la science forestière, l'art de traiter les vins, la culture potagère, l'arboriculture, etc.

Si nous faisons le relevé des associations, ayant pour but le fonctionnement de l'agriculture, nous trouverons 276 sociétés sous des titres divers : unions agronomiques, clubs pour la culture des plantes en chambre, unions vinicoles, unions des planteurs et pour la protection des oiseaux, conseils de culture, unions forestières, etc., etc.

Comme jardins botaniques principaux, citons ceux des universités de Vienne, Prague, Inspruck, Gratz, Lemberg, Czernowitz, Gracovie, Trieste.

Parlons maintenant des centres principaux d'instruction agronomique. Il existe à Vienne une école supérieure d'agriculture, une station agricole expérimentale avec trois laboratoires de botanique et de physiologie, enfin une société impériale agronomique comptant plus de 900 membres.

C'est à Klosternenburg, près de Vienne, que se trouve le laboratoire du docteur L. Roesler, qui y a fondé en 1870 une station de chimie et de physiologie expérimentale jointe à l'école de pomologie et de viticulture : M. Roesler fait avec ses aides les examens microscopiques et publie le résultat de ses travaux : il a fondé un excellent journal, la « Revue antiphylloxérique internationale » qui est aujourd'hui l'une de nos meilleures publications sur la viticulture. L'école de pomologie et de viticulture est sous la direction du baron A. W. von Babo. Dans cette station expérimentale, qui est de premier ordre, se trouvent tous les ustensiles relatifs à la viticulture, des collections de raisins de tous pays, un musée et une bibliothèque horticole des plus riches.

En outre de l'enseignement spécial de Klosternenburg, il

existe encore, en Autriche, plusieurs écoles supérieures d'horticulture: celle de Modling près Vienne, dans « l'Institut Francisco-Joséphinum », a été fondée en 1869 et compte 80 élèves. Il y en a d'autres à Bozen, à Graz, à Klagenfurt, à Wippach, à Prague, à Kolomea, à Troppau.

Deux provinces ont des écoles spéciales pour leurs produits. Ainsi dans l'Istrie, à Goritz, se trouve une station bacologique. Dans la Dalmatie, à Zara et à Raguse, le mûrier, la vigne et l'olivier sont l'objet d'études spéciales.

La Hongrie qui, comme la Suède et le Danemark, a toujours manifesté pour la France les meilleurs sentiments de confraternité, possède à Buda-Pest, une université royale qui renferme un institut vétérinaire, une école d'Agriculture avec un jardin botanique, des laboratoires, et une station phylloxérique dirigée par le docteur G. de Hervath, avec deux champs d'expérience à Farkasd et à Gzendro. On sait que l'industrie vinicole a, pour la Hongrie, une importance capitale puisque la récolte annuelle représente une somme de plus de cent millions de francs. Là, comme ailleurs, on a recours aux vignes américaines pour la reconstitution des vignobles.

Après l'université de Buda-Pest, viennent celle de Klausenbourg avec un institut vétérinaire, un institut botanique et un institut chimique, puis celle d'Altenbourg; il y a la une académie agricole, une station agronomique et une école de construction de machines.

Viennent ensuite : l'école agricole de Debreczin, avec des cours de pomologie, de viticulture et de pisciculture; l'école de Kaschaer, celle de Keszthely, de Kologsmonoster, de Lipto Ujvar; puis les écoles de Farezal et de Dioszeg, pour former des vignerons. On a institué à Ofen, près Buda-Pest, une société pour la construction des machines agricoles, une école spéciale de greffage et à Mad, une école pour les plantations et l'acclimatation des vignes américaines. N'oublions pas de citer l'école forestière de Schemnitz qui, pour le pays, à une importance considérable.

Enfin, il y a dans la capitale de la Croatie à Agram, une université royale à laquelle est attachée une académie agricole, une école forestière et plusieurs sociétés de viticulture. En ce moment, on fonde à Petrieja, une école spéciale de pomologie et d'arboriculture pour la Croatie et la Slavonie.

BELGIQUE

La Belgique est aujourd'hui le pays le mieux cultivé et le plus peuplé de l'Europe. L'enseignement agricole y a été réglé par la loi du 18 juillet 1860. Bien avant cette époque, le Gouvernement avait donné son aide à la fondation des deux plus anciennes écoles d'Horticulture, celle de Gand et celle de Vilvorde, dont l'origine remonte à 1849. Actuellement (1), les écoles de l'État sont :

1° L'Ecole de médecine vétérinaire de Cureghem, qui a été réorganisée le 6 février 1882 ;

2° L'Institut agricole de l'Etat à Gembloux, d'une étendue d'environ 70 hectares qui est analogue à l'Ecole de Grignon, en France, et celle de Hohenheim, en Allemagne. Son règlement date du 3 septembre 1882 : à Gembloux, il est fait des excursions agricoles et forestières dans les environs. Aux matières ordinaires de l'enseignement, c'est-à-dire l'économie rurale, la zootechnie, le génie rural, l'histoire naturelle, la physique et la chimie, on a joint des cours pratiques de sylviculture et de microscopie ;

3° L'Ecole d'Horticulture de Vilvorde, qui a pour directeur l'excellent M. Gillekens ; son règlement a été fixé par arrêté du 14 août 1875. Son enseignement comprend tous les travaux théoriques et pratiques relatifs au Jardinage ; malheureusement le sous-sol est peu favorable à la culture des arbres fruitiers ;

---

(1) Situation de l'Enseignement agricole. Rapports présentés aux Chambres législatives par M. le Ministre de l'Intérieur. Bruxelles, 1885.

4° L'Ecole d'horticulture de l'Etat, à Gand ; placée au milieu du grand centre horticole de la Belgique, elle a été réorganisée par arrêté du 8 août 1872. Elle a pour directeur M. Kickx, actuellement recteur de l'Université de Gand et pour professeurs MM. Burvenich, Rodigas, Pynaert et Van Hulle qui sont dans l'enseignement horticole depuis vingt-cinq ans et qui sont auteurs de publications remarquables. Récemment on leur a adjoint MM. de Nobele et de Pannemacker.

Tous ces établissements ont des programmes d'enseignement à peu près conformes aux nôtres. Le nombre moyen de leurs élèves est de 85 pour Cureghem, de 80 pour Gembloux, de 30 à 35 pour Vilvorde et de 45 à 50 pour Gand. Il existe aussi à Louvain une Ecole supérieure d'agriculture attachée à son Université catholique.

La ville de Tournai a créé, sur le nouveau boulevard Léopold, une école d'arboriculture et d'horticulture, sous l'habile et intelligente direction de M. Griffon.

Enfin, la Société du Waux-hall à Mons, a fondé, en 1882, une école professionnelle d'Horticulture qui comptait déjà, en 1884, 22 élèves.

En 1871, il s'établit à Gembloux une « Association pour la fondation de stations agricoles ». La première a été inaugurée en 1872 et patronée par le Gouvernement ; une seconde station a été établie à Gand, en 1875, et une à Hasselt, en 1878.

Outre la Société centrale d'agriculture de Bruxelles, il y a, dans chaque province, une ou plusieurs sociétés agricoles, dont quelques-unes sont divisées en sections. Elles comptent plus de 18,000 membres et organisent des conférences publiques et gratuites, en français et en flamand, sur l'arboriculture, l'horticulture, la culture maraîchère, la maréchalerie, la zootechnie, etc...

En 1884, 1383 conférences ont eu lieu dans 250 localités.

Cette année, un arrêté royal a institué un corps d'agronomes de l'Etat, chargés de se mettre en rapport direct avec les cultivateurs et de leur donner des conseils comme conférenciers suivant la pratique applicable à chaque région : des champs d'expériences sont institués sous le patronage des comices et des sociétés agricoles qui concourent à leur entretien. Dans tous les cas, le terrain, l'engrais de ferme et la main-d'œuvre nécessaire aux champs d'essais sont fournis gratuitement par l'Etat pendant toute la durée des expériences.

On sait que la Belgique est la terre classique de l'horticulture, qui est là une branche des plus importantes de la richesse nationale ; aussi le Gouvernement, le propriétaire-amateur, les conférences gratuites, les expositions fréquentes, tout concourt à la prospérité de l'industrie horticole. Elle y est favorisée par les écoles de l'Etat, par les cours publics et gratuits dans les moindres villages, par des sociétés d'horticulture, au nombre de plus de 50, par des journaux nombreux, par la création d'une décoration agricole et industrielle, qui a été imitée récemment en France.

Cinq jardins botaniques y sont surtout remarquables par les ressources de tout genre qu'ils offrent pour l'enseignement : ce sont ceux de Bruxelles, d'Anvers, de Gand, de Louvain et celui de Liège, qui, récemment réorganisé par le professeur Ed. Morren, est devenu un modèle pour les établissements analogues.

Je ne dois pas omettre la création à Gand de la chambre syndicale des horticulteurs belges qui s'occupe exclusivement des questions qui intéressent directement l'industrie et le commerce horticoles.

C'est en Belgique, qu'a été fondée, en 1860, la fédération des sociétés d'horticulture, ayant pour but de favoriser les progrès de l'horticulture, de provoquer la réunion des délégués des diverses sociétés horticoles, d'organiser des concours et des congrès sur les questions intéressant l'industrie horticole ; elle a déjà publié 15 volumes sur ses travaux.

La Belgique est, avec l'Angleterre, le pays du continent où l'on compte le plus d'amateurs et le plus de serres monumentales, à commencer par celle de Laeken, qui appartient à la couronne. Le pays est moins favorisé que le nôtre par le climat, mais l'industrie des habitants y a largement suppléé.

Grâce au bas prix du fer et du charbon, la culture sous verre y a pris un développement considérable et l'agriculture des Flandres n'est dépassée par aucune autre en Europe.

DANEMARK

Les progrès de l'agriculture danoise sont dus surtout à l'influence de la Société royale d'Agriculture et aux sociétés locales.

La Société royale remonte à 1769; elle publie des travaux d'économie rurale, organise des conférences nomades, fait faire des analyses chimiques, publie et répand des ouvrages sur les diverses cultures, pourvoit aux frais de voyages agricoles, fait au gouvernement des rapports sur tout ce qui concerne les intérêts ruraux et l'exportation des produits du sol, enfin elle organise tous les trois ans un congrès agricole général avec la coopération des sociétés locales; ce congrès est accompagné d'un concours d'animaux, de produits et d'instruments agricoles.

Les sociétés d'Agriculture locales sont aux nombre de soixante-quinze environ.

L'enseignement agricole proprement dit date du commencement du siècle; c'est en 1801 qu'on institua, à l'Université de Copenhague, les premiers cours d'Agriculture et d'économie rurale.

En 1849, on créa deux nouvelles chaires à l'Ecole polytechnique; puis en 1858, on fonda définitivement à Copenhague l'Ecole supérieure agricole et vétérinaire. Cette école comprend cinq spécialités : les vétérinaires, les agriculteurs, les géomètres-arpenteurs, les horticulteurs et les forestiers : la superficie de l'établissement, avec ses champs d'expériences est de vingt hectares et il est entouré d'un jardin botanique contenant les espèces de plantes, arbres et arbustes les plus communs en Danemark.

En somme, l'Ecole supérieure est organisée sur le même plan que l'Institut agronomique de Paris : cours théoriques professés par des savants distingués, de la pratique scientifique, mais pas de pratique agricole.

Les « Landboskoler » ou écoles secondaires sont au nombre de quinze; à plusieurs on a joint des écoles de laiterie et de fromagerie.

Les plus remarquables sont :

1° L'école rurale pratique et théorique de Noesgaard, fondée en 1849 sur les domaines de feu le général Classen ;

2° L'école d'Agriculture théorique d'Odense, ouverte le 1er octobre 1855 et soutenue par la Société patriotique de Fionie ;

3° L'école d'Agriculture théorique de Lyngby, à douze kilomètres de Copenhague, fondée en 1867, par une association de propriétaires des environs ;

4° L'école d'Agriculture de Fune, fondée en 1871 et analogue à celle de Lyngby.

Puis viennent au-dessous les « Folkehojskoler » ou écoles primaires supérieures au nombre de soixante environ. Au lieu d'avoir recours aux fermes-écoles, qui ne réussissent pas dans le pays, la Société royale d'Agriculture du Danemark a trouvé plus simple et plus économique de placer des élèves chez un certain nombre d'Agriculteurs au nombre de quatre-vingts environ où leur travail paye leur entretien et leur fournit en outre un certain salaire.

Il est à remarquer que, dans un grand nombre de ces écoles, on admet les jeunes filles qui reçoivent une instruction spéciale sur la laiterie et les ouvrages manuels de leur sexe; c'est en partie à cette mesure qu'on doit les remarquables progrès qu'on a signalés en Danemark pour la laiterie dans les dernières années.

Parmi les publications périodiques qui traitent d'économie rurale, il faut citer :

1° *Le Journal d'économie rurale*, fondé en 1815; il publie le compte rendu des séances de la Société royale d'Agriculture ;

2° *Le Journal hebdomadaire des Agriculteurs*, qui date de 1856 ;

3° *Le Petit Journal agricole*, destiné aux petits fermiers et aux paysans;

4° *La Feuille des agriculteurs;*

5° *L'Ami de l'agriculteur,*

6° L'*Agriculture.*

Au reste, presque chacune des Sociétés d'agriculture locales a son propre organe.

L'enseignement horticole subventionné par l'État a été réorganisé il y a vingt ans et se rattache à deux instituts de Copenhague.

1° L'Académie royale d'Agriculture et d'Horticulture ;

2° L'école supérieure d'Horticulture de Rosenborg, annexée aux jardins royaux.

Les cours de l'Ecole supérieure agricole durent deux ans et embrassent la chimie, la botanique, la pathologie des plantes, la physique, l'arpentage, le dessin, la culture potagère et l'arboriculture : chaque branche est confiée à un professeur spécial : notre collègue, M. Carl Hansen, est chargé de la culture potagère et fruitière. L'enseignement est théorique et les élèves, avant d'entrer à l'Ecole, ont dû suivre des écoles pratiques.

L'école de Rosenborg a des cours de botanique et de physiologie végétale, de dessin, de la construction des serres, de culture forcée et de l'architecture des jardins. Le directeur, M. Tyge Rothe et trois autres professeurs, sont chargés des cours. Les élèves travaillent, chaque jour, dans les jardins, sous l'inspection de jardiniers expérimentés, et il ne sont admis qu'après avoir passé deux ans dans l'Ecole supérieure agricole.

Il existe à Ordrup, à huit kilomètres au nord de Copenhague, une école particulière d'horticulture, fondée, il y a dix ans, par un pépiniériste-horticulteur, M. Stephen Nyeland. De semblables écoles viennent d'être créées à Stoevring, province de Jutland et l'autre, près de Nestved dans la partie sud de l'île de Seeland.

Les associations horticoles les plus importantes sont :

1° La Société royale d'Horticulture de Danemark, qui siège à Copenhague, où elle possède un vaste jardin avec serres, salles de réunion, bilbiothèque, salle d'exposition, etc. elle compte mille membres environ ;

2° La société jutlandaise d'Horticulture, comptant cinq cents membres environ, s'occupe exclusivement du développement de l'arboriculture; elle possède à Aarhus, un jardin fruitier et des pépinières;

3° La Fédération des jardiniers danois avec six cents membres;

4° La « Hortulania », réunion des jardiniers de Copenhague avec deux cent cinquante membres. D'anciens professeurs, MM. J. A. Dyhdahl, H. Nyeland, Tyge Rothe, A. Zeiner-Lassen et J. Jenssen ont publié des ouvrages sur l'horticulture qui compte aujourd'hui trois revues hebdomadaires, en outre des bulletins que fait paraître chacune des sociétés horticoles.

ESPAGNE

L'Espagne est un des pays les plus favorisés de l'Europe par sa position maritime et par son climat, mais, comme le fait justement remarquer M. Boutelou dans ses *Apuntes para la historia agricola espagnola*, il est plus que jamais indispensable de repeupler les forêts des plateaux des deux Castilles, pour en modifier le climat et le régime des sources; il faut perfectionner les cultures en les dotant de l'outillage moderne, il faut, enfin, améliorer les procédés de vinification. L'agriculture, du temps des Maures, a été des plus florissantes : de cette splendeur, il ne reste que deux provinces, que des circonstances particulières ont maintenues dans un haut état de fertilité, je veux parler des provinces de Valence et d'Andalousie.

Actuellement, l'organisation agronomique de l'Espagne est réglée par la loi du 14 février 1879 (1). Cette loi crée environ 60 ingénieurs-agronomes destinés à surveiller la statistique agricole, les expositions, les récoltes, les projets de travaux, les études du phylloxéra, l'élevage du bétail, etc. Ces ingé-

---

(1) *Manual de legislacion agricola* por Don Rogelio Valledor y Don Lorenzo Nicolas Quintana. Madrid, 1882. 1 vol. in-8°.

nieurs sont sous la direction du « Ministerio de Fomento » et se mettent en rapport avec les assemblées provinciales d'agriculture, et le conseil consultatif en résidence à Madrid.

Une loi du 5 octobre 1882 a fondé ensuite un corps auxiliaire du service agronomique et d'experts agricoles nommés par l'École centrale d'agriculture de « l'Institut d'Alphonse XII » à Madrid. Rappelons ici qu'un décret du 30 janvier 1815 a créé six chaires d'agriculture entretenues aux frais des villes dans la vieille et la nouvelle Castille, en Andalousie, et dans la province d'Estramadure, de Galice et de Léon : au décret précédent était ajoutée une disposition particulière qui enjoignait aux hospices d'acquérir des jardins pour y exercer les pauvres aux travaux des champs.

Déjà un décret du 1er août 1876 obligeait toutes les écoles du royaume à enseigner les éléments de l'agriculture ; chaque province devait avoir une ferme modèle et une station agronomique pour y faire les expériences, les essais et les analyses demandés par les agriculteurs. Tous les dimanches, il devait se faire une conférence agricole dans chaque capitale de province, et cela, sur des sujets fixés à l'avance, par les assemblées provinciales. De plus, la direction générale de l'agriculture était tenue de publier la *Gazeta agricola del ministerio de Fomento* à laquelle devaient s'abonner tous les conseils, sociétés et assemblées du Royaume, pour populariser les connaissances agricoles et faire connaître les actes et décrets du ministère; cette dernière publication a été imitée récemment en France. Elle devait, en Espagne, contenir les travaux de toutes les stations agronomiques.

L'*Instituto agricola de Alphonso XII* établi à Madrid, dans la *Finca de la Florida* par décret du 4 novembre 1881, puis définitivement constitué le 6 septembre 1884, est aujourd'hui la première école du royaume : c'est un établissement dépendant du ministère du commerce et de la Direction Générale de l'agriculture. Il a pour but de former des ingénieurs-agronomes, des experts agricoles et des chefs de culture ; c'est un centre de propagande, présentant des modèles pour la culture, pour l'élevage du bétail et pour les industries rurales ; il fait l'essai des plantes nouvelles, en distribue les semences et les plants les plus recommandables.

Un résumé de ses travaux paraît mensuellement dans la *Gaceta de Madrid;* on y a joint, le 19 février 1882, un musée agronomique renfermant tous les instruments et machines les plus perfectionnés.

La création des stations viticoles date de 1879, à la suite des ravages du phylloxera à Malaga. La principale est à Ciudad Real ; on y trouve un observatoire métérologique, un cabinet de micrographie et un laboratoire de chimie où se font tous les essais et analyses sur les eaux, les sols et les plantes : on y fait un cours gratuit d'œnologie.

En 1881, on créa des fermes modèles dans les villes de Séville, Grenade, Sarragosse, et Valladolid pour y former des chefs de culture, des jardiniers et des arboriculteurs ; ces fermes sont sous la surveillance du ministère et des sociétés d'agriculture de chaque province.

Comme chez nous, on a fait, en Espagne, des règlements sans fin pour empêcher les ravages du phylloxera. Là, pas plus que chez nous, pas plus qu'en Italie, et même en Algérie, le législateur n'a servi qu'à empêcher les relations commerciales sans empêcher en rien la marche du parasite.

Une disposition spéciale a été prise en Espagne pour le bornage des terres consacrées à la culture du riz, surtout dans la province de Valence ; comme cette culture cause quelquefois des fièvres et d'autres maladies provenant de la stagnation des eaux d'irrigation ; des décrets divers de 1861 à 1864 règlent les droits et obligations des propriétaires des cultures qui existent surtout sur la côte orientale.

Le 27 octobre 1883, l'Etat a ouvert à Madrid une école spéciale pour former des ingénieurs forestiers ; cette école est organisée sur le plan des meilleures institutions de ce genre.

C'est en 1874, que s'est fondée à Madrid, la Société protectrice des animaux et des plantes ; son action et son but sont semblables à ceux que poursuivent les sociétés du même genre sur le continent.

Je ne dois pas omettre de signaler l'université de Valence qui, déjà au XVe siècle, avait une chaire dite « de yerbas » c'est-à-dire pour l'étude des plantes médicinales qui formaient la base de la thérapeutique au moyen âge ; actuellement le jardin botanique, dirigé par M. José Arevalo y Baca, comprend une école botanique, une école de pomologie, une école forestière, une pour la viticulture et un champ d'expériences. Il existe là aussi une société importante *La Flora* fondée en 1882, et consacrée à la botanique et à l'horticulture ; puis la *Societa Valenciana de Agricultura.* Mentionnons, après cette société, l'association générale des éleveurs de bétail, l'association vinicole et forestière de Pampelume, enfin l'*Instituto agricola Catalan* à Barcelone.

Depuis Charles III, il existe dans presque toutes les provinces des *Sociedades economicas de amigos del Pais ;* elles ont toutes une section d'agriculture et d'horticulture.

Après les deux principaux jardins botaniques, celui de Madrid, dirigé par le savant botaniste D. Miguel Colmeiro et celui de Valence, dirigé par José Arevalo y Baca, il faut en citer plusieurs de première importance : ce sont ceux de Barcelone, de Grenade et de Séville.

On compte, en Espagne, environ quinze publications agricoles : les deux plus importantes sont la *Gaceta agricola del ministerio de Fomento* puis un journal-revue *El Campo* qui publie d'excellents travaux sur tous les sujets relatifs au jardinage.

ETATS-UNIS

Le « Département de l'Agriculture », à Washington, publie annuellement la liste complète des sociétés ayant pour objet le progrès agricole dans toutes ses branches (1). De plus, chaque année, le congrès vote une somme considérable (plus d'un million de francs en 1884) pour l'impression du rapport du « Com-

(1) A Directory of departements, boards, societies, colleges, and other organizations in the interest of Agriculture, etc. Washington,

missioner of Agriculture » au nombre de 400,000 exemplaires : 300,000 sont donnés aux membres de la Chambre des représentants, 70,000 aux sénateurs et 30,000 sont distribués par le ministère. Le volume officiel renferme chaque année le rapport succinct du ministre au Président, puis ceux du chimiste, du botaniste, de l'entomologiste du gouvernement, le rapport du bureau des forêts, du bureau de statistique, celui de l'élevage du bétail, etc. Tous les faits nouveaux de l'année, les maladies des végétaux et des animaux, la culture des plantes de nouvelle introduction, l'étude des insecticides, l'état des récoltes, leur prix de vente, tout est passé en revue dans le rapport officiel. On conçoit quel intérêt possède une publication semblable répandue à 400,000 exemplaires. Pour en démontrer l'importance, je vais en indiquer rapidement les divisions principales.

Le *Bureau de statistique* est en rapport avec les bureaux similaires institués dans chaque Etat et possède en outre plus de 10,000 correspondants sur tous les points du pays. Il a de plus, à Londres, un agent spécial chargé de le tenir au courant des récoltes et du prix des denrées sur tous les marchés européens. Le bureau central à Washington réunit toutes les données relatives à l'état des récoltes, à l'élevage du bétail, aux prix des transports, aux produits de la laiterie. Je relève quelques chiffres sur le rapport de 1884 :

PRODUCTION AGRICOLE DES ÉTATS-UNIS

NATURE DES PRODUITS	EN 1860	EN 1880
Bétail.	Doll. 300.000.000	Doll. 800.000.000
Maïs	360.680.000	694.800.000
Blé	124.600.000	436 900.000
Foin	152.600.000	409.500.000
Produits de la laiterie.	152.350.000	352.500.000
Coton.	211.500.000	271.600.000

april 1885. — Report of the departement of Agriculture. Washington, 1884. — Transactions ot the American horticultural society. Indianapolis, 1886. — Report of the commissioner of Agriculture, 1885.

En y joignant les autres produits du sol, la valeur des récoltes aurait monté de un milliard six cents millions à trois milliards six cents millions de dollars, soit dix-huit milliards de francs.

D'après le rapport officiel de 1885, en 15 ans, la surface cultivée en maïs se serait augmentée de 37,000,000 d'acres, celle du blé, de 20 millions, de l'avoine, de 3 millions ; en général, la culture des céréales se serait augmentée de 67 millions d'acres, ou plus de 16 millions d'hectares.

Le bureau des *Gardens and grounds* a pour but d'introduire et de répandre toutes les plantes utiles, comme les kakis du Japon, les orangers du Brésil, le mûrier, les plantes à thé, le quinquina, le sorgho, les plantes médicinales, le coca, etc. Le bureau envoie des collecteurs spéciaux pour explorer tous les nouveaux territoires non encore habités ; il a aussi une division chargée de distribuer des semences, des fleurs et des plants de tous genres : en 1884, il a fait plus de 3,600,000 envois.

Le *Bureau of Botany* étudie la Flore et les besoins de tous les États non explorés. Les rapports de M. Hayden sur les États du Nord-Ouest renferment les renseignements les plus instructifs sur ces intéressantes contrées.

La *Microscopic Division* est chargée des parasites végétaux engendrés soit par les grandes sécheresses ou les pluies incessantes ; elle étudie les invasions des sauterelles, les champignons propres à l'alimentation, etc.

La *Chimical Division* examine les diverses variétés de céréales, les résultats des divers modes de mouture, les meilleurs procédés de fabrication du sucre, la falsification des beurres ; elle analyse les plantes fourragères, les sols et les engrais.

L'*Entomological Division* se met en rapport avec les Entomologistes créés et payés par chaque État pour étudier les maladies qui affectent les oranges dans les Florides, le « Cottonworm » dans l'Alabama et le Texas, les lieux d'où partent les légions de sauterelles des montagnes Rocheuses, le phylloxera et en général tous les ennemis des récoltes et des forêts. Le congrès vient de voter 5000 doll. pour faire progresser l'ornithologie dans ses rapports avec l'agriculture : on donne aussi des encouragements à la sériciculture et des sociétés importantes existent déjà à Philadelphie, puis en Californie, sous le nom de « Ladies Silk culture Societies » dans le comté d'Alameda.

La *Veterinary Division* étudie les maladies contagieuses du bétail, les divers systèmes de vaccination préventive; certaines maladies, au Texas, ont pris un grand développement par suite de l'accumulation du bétail sur certains points, et du manque d'eaux potables; elles se sont propagées dans plusieurs États du Sud. Le choléra des poules et la trichinose ont été l'objet d'études spéciales. Le Congrès a fait publier 50,000 exemplaires du rapport relatif à ces maladies.

La *Forestry Division* a une importance de premier ordre; aux Etats-Unis, comme en Europe, dans plusieurs États de l'Ouest, de vastes territoires sont dénudés et infertiles; des agents spéciaux sont chargés d'étudier les meilleurs modes de plantation d'arbres forestiers appropriés au sol et au climat, puis de trouver des semences de plantes propres aux immenses plaines de l'Arizona, du Nouveau Mexique et du Texas. D'autres agents sont chargés de creuser des puits artésiens surtout dans le voisinage des lignes de chemin de fer.

Après avoir étudié l'organisation officielle de l'Agriculture à Washington, nous allons examiner rapidement quelques sociétés dites « Inter State », c'est-à-dire ayant un but d'intérêt général, puis nous verrons en terminant l'organisation scientifique de chaque État en particulier.

Il existe dans divers États 32 associations ayant pour but l'introduction de races d'élite comme la race percheronne, puis les races les plus renommées du gros bétail anglais et en général de tous les animaux de ferme étrangers. Il y a neuf sociétés pour les abeilles seulement : 1 pour les progrès de la basse-cour, à Frédonia; une pour répandre l'Ensilage des récoltes, puis à Washington, l'excellente « Commission of Fish and Fisheries » dirigée par M. Spencer F. Baird, qui a fait faire tant de progrès à la pisciculture sur les deux continents.

L'association importante des « pépiniéristes, des floristes et des grainiers » a son siège à Galena, dans l'Illinois. Elle a pour but : l'étude des pépinières, l'exposition des nouvelles variétés de fleurs ou de fruits, les meilleurs modes d'emballage et d'expédition de plantes, les tarifs de chemins de fer, etc.

La « Société pomologique américaine », fondée en 1848, compte plus de 400 membres et tient ses sessions, tous les deux ans, sur différents points du pays. A chaque session, il y a une exposition générale de tous les fruits des Etats-Unis, et des délégués de chaque État font un rapport spécial sur les variétés qu'ils cultivent, sur les maladies et les parasites des plantes, sur les meilleurs modes de taille et de plantation, enfin sur les meilleurs modes d'emballage, de dessiccation et de conservation des fruits.

Avant d'examiner les Sociétés particulières à chaque État, disons quelques mots du « Report on Forestry », publié en 1884 par le département de l'Agriculture à Washington. Là il n'existe pas encore d'école forestière proprement dite, mais le gouvernement attache la plus grande importance à la question, puisque dans un rapport de 1883, il évalue le produit des forêts à 700,000,000 de dollars.

Il existe une association spéciale sous le nom d' « American Forestry Congress » qui a pour objet l'étude des plantations forestières, la conservation des forêts existantes et la statistique qui les concerne. Sa dernière réunion a eu lieu en septembre 1885 à Boston. Aux Etats-Unis, comme en Europe, les forêts diminuent et leur disparition entraîne non seulement un sérieux changement dans le climat, mais des inondations et la disparition de sources jadis intarissables ; on signale surtout la consommation immense qu'exigent l'exécution et l'entretien des 150,000 milles de chemins de fer actuels ; pour leur entretien seul, il faudrait une surface de plus de 16 millions d'acres de forêts ; dans un but de prévoyance, on a conseillé aux compagnies de chemins de fer qui possèdent de vastes terrains de chaque côté de leurs lignes, d'y planter les arbres nécessaires à l'entretien de la route.

Nous allons maintenant jeter un rapide coup d'œil sur l'enseignement agricole et horticole dans les divers États.

Constatons d'abord que le système d'éducation générale est

fondé sur la liberté la plus entière, contrairement à ce qui se fait chez nous où l'instruction est toujours plus ou moins sous la direction de l'Etat, si ce n'est pour l'enseignement lui-même, du moins pour les examens. Aux Etats-Unis, les devoirs et la responsabilité de l'éducation nationale reposent sur la législation des États et sur les municipalités qui taxent directement les citoyens pour cet objet. On comptait, en 1880, deux cent vingt-six mille écoles de tous genres fréquentées par six millions d'élèves. Un acte du Congrès, en date du 2 juillet 1862, a alloué à chaque État des terrains considérables dont la vente devait faciliter les moyens de développer l'enseignement de l'Agriculture et des Arts industriels. Quelques Etats ont d'abord une Société centrale d'agriculture, un entomologiste spécial, un bureau de statistique en rapport avec celui de Washington, puis des collèges et des universités ou établissements d'instruction supérieure. Je citerai ceux d'Harvard et d'Amherst, dans le Massachusetts, celui de Brown dans le Rhode-Island, le Yale collège, dans le Connecticut, l'université de Michigan, à Ann Harbour, de Missouri, à Columbia, de Cornell à Ithaca, d'Arkansas à Fayetville, de Berkeley, en Californie, enfin l'*Agricultural Institute* de Hampton en Virginie. Plusieurs de ces universités joignent à l'enseignement agricole des cours techniques de sciences et d'arts industriels.

Après ces universités viennent une légion de collèges d'agriculture qu'il serait trop long d'énumérer; qu'il me suffise de dire que dans le Rapport officiel, les Clubs, Granges et les associations agricoles, en général, sont au nombre de plus de cinq mille.

Toutes ces associations ont pour but le progrès agricole, sous toutes ses formes, y compris l'élevage du bétail, l'agriculture, la laiterie, la pisciculture, et toutes les industries y relatives.

Disons maintenant quelques mots des sociétés d'horticulture proprement dites.

La première a été établie à New-York en 1818; après elle vint celle de Philadelphie en 1827, puis celle de Boston en 1829.

Aujourd'hui, les Sociétés principales, après les trois que je viens de nommer, sont « l'American horticultural Society » qui a succédé à la Société de la vallée du Mississipi, puis la Société de Californie, de la Floride, de la Géorgie, de l'Illinois, de l'Indiana, de l'Iowa, du Michigan, de l'Ohio. En somme, on compte soixante-cinq Sociétés principales ayant des ramifications multiples, et trente-huit publications spéciales à l'agriculture ou à l'horticulture. Des almanachs spéciaux donnent les noms des principaux fleuristes, horticulteurs, grainiers et pépiniéristes : leur nombre s'élève à plus de dix mille.

Les Etats-Unis, il y a quelque trente ans, avaient recours à nous et à la Belgique pour l'importation des arbres fruitiers; aujourd'hui, ils ont obtenu, par les semis, des raisins et des fruits de tous genres adaptés à leur sol et à leur climat; ils nous envoient à leur tour quelques-uns de leurs grains qui, comme les pêches Amsden et Alexander, sont venus enrichir nos collections. La production fruitière est si abondante dans quelques États qu'on a recours à la dessiccation sur une grande échelle pour l'exportation; quelques-uns de leurs fruits de conserve viennent déjà lutter à prix égal sur nos marchés et il est hors de doute que, dans un temps donné, quand les procédés de vinification seront mieux connus, les vins de la Californie, du Missouri et de l'Ohio feront une sérieuse concurrence aux nôtres sur les marchés du nouveau monde.

GRANDE-BRETAGNE

Lorsqu'on étudie l'état de l'enseignement agricole en Europe et qu'on arrive à l'Angleterre, ce qui frappe surtout, c'est l'absence de ministres de l'Agriculture, c'est-à-dire du contrôle ou des subventions du Gouvernement dans les Instituts agricoles, les dépôts d'étalons et les écoles forestières ou horticoles (1).

(1) Report of the Royal commissioners on technical instruction. Blue Book. London, 1884. — The Horticultural Directory for 1886.

S'ensuit-il que l'agriculture anglaise soit inférieure à celle du continent, que les races d'animaux soient moins perfectionnées, ou l'horticulture moins développée? C'est le contraire qui a lieu : on ne voit nulle part de plus beaux parcs, de plus beaux animaux, de plus belles fermes, de plus vastes établissements d'horticulture. Tout cela s'explique par deux mots magiques, qui ont porté si loin la puissance anglo-saxonne : je veux dire : l'initiative individuelle.

Le Gouvernement s'est borné à établir une chaire d'agriculture à l'école de South Kensington et à subventionner de £ 150 la chaire d'agriculture de l'Université d'Edimbourg. Il y a, en Angleterre, beaucoup d'écoles où, avec d'autres sciences, on enseigne l'agriculture et on y trouve un très grand nombre de Sociétés agricoles locales. Nous parlerons tout à l'heure des deux principales associations qui dominent toutes les autres.

Tout d'abord, disons quelques mots du *Royal agricultural college* de Cirencester, dans le Gloucestershire. Il a été fondé en 1845 par souscriptions individuelles et on y trouve aujourd'hui un musée, des laboratoires de tout genre, un jardin botanique, une ferme considérable et tous les accessoires d'une école vétérinaire. Après le collège de Cirencester vient le « College of Agriculture de Downton » dans le Willshire, ouvert en mai 1880. C'est une école privée où l'on enseigne tout ce qui concerne l'agronomie.

Quelques écoles de comté, sur l'invitation de la Société royale de Londres, ont rattaché des chaires d'agriculture à leurs études ordinaires. Les plus suivies sont celles de Surrey, à Cranleigh, près de Guilford, celle de Bedford et d'Aspatria.

Les écoles vétérinaires sont au nombre de trois : une est à Londres, l'autre à Edimbourg et la troisième à Glascow.

L'Angleterre n'a pas d'écoles d'horticulture. Les apprentis jardiniers se placent et étudient leur art dans les grands établissements horticoles du pays ; ceux qui, après avoir servi dans ces établissements, sont reçus à Kew, peuvent y suivre le soir, des cours théoriques qui complètent leur instruction. On sait que les jardins de Kew couvrent plus de 80 hectares. Ils ont été dirigés par sir W. Hooker, depuis 1840 jusqu'à 1865 où il fut remplacé par son fils J.-D. Hooker. Ce dernier, après quarante années de services publics, a cédé sa haute position à M. W. T. Thiselton Dyer.

Mentionnons maintenant deux associations qui exercent une grande influence sur les progrès agricoles, la *Royal Agricultural society of England* à Londres et la *Highland and Agricultural Society of Scotland* à Edimbourg.

La première a été fondée en 1838 : elle fait subir des examens aux élèves qui sortent des écoles et accorde des récompenses aux plus méritants. Elle fait faire des analyses des terres et des engrais, elle donne des primes aux fermes les mieux tenues, et organise des concours qui ont une célébrité européenne.

La Société d'agriculture d'Edimbourg, fondée en 1787, n'est entrée en fait qu'en 1856 dans son rôle de protectrice de l'agriculture écossaise chargée de décerner des diplômes aux élèves de l'Université. En 1870, elle a décidé l'établissement d'un bureau séparé pour l'examen des élèves forestiers.

De même qu'en Angleterre, le progrès agricole est laissé en Irlande à l'initiative privée : on fait dans les écoles de village des conférences sur l'agriculture et les élèves peuvent passer ensuite dans des fermes-écoles, puis à l'établissement central de Glasnevin, près de Dublin, destiné à former des régisseurs et des chefs de culture. On compte, en Irlande, trois sociétés scientifiques qui s'occupent du progrès agricole, la Société royale de Dublin, fondée en 1731, la Société royale d'Irlande, fondée en 1841 et l'association agricole du nord-est de l'Irlande, fondée en 1854, à Belfast.

Lorsqu'on étudie l'enseignement agricole en Angleterre, on ne peut omettre de parler de la première station agronomique de l'Europe, celle qu'a fondée, il y a 50 ans, M. Lawes, à Rothamsted, près Harpenden, Herts, et qu'il a entretenue à ses frais. Il a débuté en 1834 par des expériences avec différents engrais sur des plantes en pots. En 1843, ses expériences furent faites sur une plus vaste échelle et dans des champs spéciaux, puis en 1855, une souscription publique offrit à M. Lawes un laboratoire digne de son mérite. C'est à partir de 1843 que le

Dr J.-H. Gilbert a été associé à ses travaux et a eu la direction du laboratoire avec l'aide de plusieurs chimistes.

En 1872, M. Lawes, qui avait à Barking et à Deptford deux usines pour l'exploitation des phosphates, s'est retiré des affaires industrielles pour se consacrer exclusivement à la science agronomique ; il dota alors son laboratoire de deux millions et demi de francs, dont l'intérêt devait servir à poursuivre ses expériences.

Les travaux agricoles et physiologiques faits à Rothamsted sont les plus vastes et les plus persévérants qu'il ait été donné à deux savants d'approfondir. Ces travaux ont été publiés dans divers recueils scientifiques et surtout dans le journal de la Société d'agriculture d'Angleterre. Il serait trop long de décrire ici la variété infinie des problèmes agricoles qu'ils embrassent : il me suffira de dire que Rothamsted est certainement l'établissement scientifique qui a jeté le plus de lumière sur l'agronomie moderne.

J'ai dit qu'il n'y avait pas d'école d'horticulture spéciale en Angleterre ; en revanche, on y compte 330 Sociétés horticoles à la tête desquelles se trouve le *Royal horticultural Society* qui a son siège à Londres, à South Kensington et ses jardins à Chiswick sous la direction de M. A.-F. Barron ; on compte 2,400 établissements de pépiniéristes, grainiers et fleuristes. Quelques sociétés horticoles ont un objet particulier : l'une a pour but de répandre le goût des fleurs parmi les classes ouvrières ; elle organise des expositions spéciales et distribue des récompenses aux plus méritants ; une autre Société a pour objet d'encourager la culture des plantes sur les fenêtres. La presse horticole est excessivement répandue. Le *Gardener's chronicle*, le *Garden* et le *Journal of horticulture* font autorité ; tandis que dans nos kiosques, ici et dans les gares de chemins de fer, nous sommes inondés de caricatures immondes et de journaux qui ne valent certainement pas le papier sur lequel ils sont imprimés, on trouve en Angleterre chez les marchands de journaux des publications horticoles à bas prix, dont le tirage s'élève à plus de 25,000 exemplaires.

Disons en terminant, pour montrer le goût du public anglais

pour les établissements scientifiques horticoles, que leurs jardins de Kews, les premiers du monde, il est vrai, mais situés à 6 milles de Londres, ont reçu en 1884, 1,217,393 visiteurs et en 1885, 1,320,803.

Le dimanche 14 juin 1885, il est entré 39,094 personnes ; qu'il y a loin de là à nos visites au Jardin des Plantes de Paris !

HOLLANDE

La Hollande est, sous beaucoup de rapports, un pays exceptionnel ; il est en partie situé au-dessous du niveau de la mer sur laquelle la merveilleuse industrie des habitants a su conquérir et conquiert encore tous les jours de vastes espaces. Le climat, l'absence de collines, la nature du sol ont dû exercer sur l'agriculture du pays une grande influence et comme tous les peuples peu favorisés par leur position géographique, le Hollandais a su tirer de la mer ses principales ressources, soit comme sol, soit comme industrie commerciale, puisque sa marine, ses colonies et son agriculture sont encore à l'heure actuelle sa principale source de richesse.

La Hollande a une école nationale d'Agriculture, celle de Wageningen, qui, en 1876, a succédé à celle de Groningen fondée en 1842. L'école possède une ferme munie de tous ses accessoires et combine l'instruction élémentaire avec l'instruction supérieure.

Elle a aussi une station d'expériences et de recherches, un musée d'histoire naturelle, une collection de machines et un jardin botanique : on y a installé, en 1879, un laboratoire agricole comme celui qui existe à Gembloux. Le nombre des élèves est d'environ 80, non compris les élèves des classes élémentaires qui varient de 70 à 80.

Il existe à Utrecht une école nationale vétérinaire ayant environ 70 élèves et organisée sur le plan des écoles similaires en Europe.

Dans toutes les provinces de la Hollande il y a des Sociétés agricoles: la principale de toutes est celle de la Néerlande septentrionale et méridiomale qui compte 10,500 membres. Après elle, viennent celle de Gueldre, celle du Brabant du Nord, de Zélande, d'Utrecht, de la Frise, de Groningue, de Drenthe et du Limbourg; ces dernières sociétés comptent ensemble 14,000 membres.

On trouve en outre à Deventer, un jardin d'essai et un champ d'expériences fondé en 1860. Plusieurs de ces sociétés publient des rapports et des bulletins mensuels.

Parmi les nombreuses sociétés d'horticulture, la principale est la Société néerlandaise d'horticulture et de botanique qui siège à Amsterdam: elle a 1,500 membres et cinq sociétés correspondantes. Puis viennent: 1° la Société générale pour l'avancement de la culture des oignons à fleur de Harlem, comptant 550 membres; elle a engagé pendant trois années le docteur J. H. Walker d'Amsterdam, pour étudier les maladies des Jacinthes et autres plantes bulbeuses; trois rapports intéressants sont le fruit de cette étude; 2° La Société d'horticulture de Harlem qui s'occupe des intérêts internationaux du commerce horticole; 3° La Société pomologique de Boskoop, fondée en 1861; 4° La Société d'horticulture de Limbourg; 5° Sous le titre de Société de l'intérêt national, on a fondé à Utrecht, en 1880, une société qui a pour but de favoriser la plantation d'arbres fruitiers le long des chemins de fer et l'établissement de parcs dans les villes; 6° Enfin, une Société spéciale, établie en 1862 à Rotterdam, s'occupe de tout ce qui a rapport à la culture et à l'industrie du lin. Depuis plus de 30 ans, un congrès agricole est ouvert en juin alternativement dans diverses villes.

La Société néerlandaise de l'industrie, qui a son siège à Harlem, quoiqu'ayant pour principal objet les intérêts de l'industrie et dans ces dernières année, l'art industriel, s'occupe aussi d'agriculture depuis sa fondation, qui date de 1777. Elle compte 2,500 membres, et en 1871, elle a fondé un musée colonial de premier ordre qui vient en aide à l'instruction et au développement de l'industrie coloniale.

Les trois universités de l'Etat à Leyde, Utrecht et Groningue, ainsi que celle d'Amsterdam, possèdent des jardins botaniques. Celui de Leyde est le plus important; on y trouve un des plus riches herbiers de l'Europe et un magnifique musée d'histoire naturelle.

Citons aussi l'institution Teylerienne à Harlem, qui possède une bibliothèque des plus riches sur les sciences naturelles.

Il y a une école moyenne d'horticulture à Watergraafsmer, qui compte 35 élèves et une à Frederiksoord, destinée aux enfants des habitants pauvres des colonies agricoles.

La plupart des sociétés agricoles et horticoles que j'ai citées font, pendant l'hiver, des cours et des conférences théoriques et pratiques dans diverses localités : il y a aussi un cours spécial d'horticulture dans les écoles normales de l'État pour les instituteurs primaires.

Les Sociétés de Herdbook sont nombreuses ; on cite celle du herdbook néerlandais, celle de Frise, de Groningue et de Drenthe.

Il est publié annuellement par le Gouvernement un rapport agricole dont la rédaction est confiée au directeur de l'Ecole d'Agriculture de Wageningen.

Le plus ancien journal d'agriculture est le *Landbouw-courant* publié à la Haye par le docteur L. Mulder : il paraît trois fois par semaine depuis quarante ans. Il existe en outre le *Landbouw-Kesnick*, publié à Maestricht par M. F. R. Corten, puis le journal publié à Wageningen par M. G. Reinder, l'un des professeurs de l'école : on compte en outre plusieurs journaux horticoles. Enfin le montant des subsides accordés par l'État, en 1883, pour les Sociétés agricoles, s'élevait à 4,000 florins et celui des provinces à 15,000 florins environ.

ITALIE

Un pays qui a rempli un bien grand rôle dans le monde, quand Rome avait étendu sa domination sur tout l'Univers, l'Italie avait déjà ses auteurs spéciaux sur l'Agriculture comme

Pline, Virgile, Columelle et Palladius. La chute de l'Empire et les troubles intérieurs ont, pendant de longs siècles, retardé le progrès agricole; mais, depuis trente ans, l'Italie est complètement transformée sous ce rapport, et elle marche de pair aujourd'hui avec les nations les plus avancées. Quelques-unes de ses écoles datent de 1876; la majeure partie a été créée à partir de 1880.

Secondée par les efforts éclairés du Gouvernement, par l'action de nombreuses associations agricoles et par la création d'un enseignement scientifique, l'Agriculture italienne et surtout la viticulture sont aujourd'hui en progrès constants. Ces progrès sont constatés par de nombreuses et excellentes publications (1) faites par le Ministère de l'Agriculture, de l'Industrie et du Commerce à Rome.

L'organisation et la nature de l'enseignement ressemblent un peu aux nôtres, bien que le climat, le manque de charbon et de cours d'eau importants, puis la disposition montagneuse d'une partie du pays doivent influer beaucoup sur les modes de culture. Nous allons passer en revue les principaux centres de l'Enseignement, en citant en 1er lieu les établissements qui dépendent du Gouvernement.

A leur tête se place l'École supérieure d'Agriculture de Milan dirigée par le professeur G. Cantoni; on y a joint une station, agronomique, un champ d'expériences, une école d'arboriculture, des laboratoires de chimie et un jardin botanique où se trouvent de nombreuses collections de plantes, fruits, légumes, modèles de machines, etc.

Après l'École de Milan, vient celle de Portici, organisée d'une manière analogue, puis les écoles spéciales de viticulture et d'œnologie au nombre de quatre : à Alba, à laquelle on a joint une école de pomologie, à Avellino, à Catane et à Conegliano. A Bari, se trouve une école spéciale pour la culture de l'Olivier et

---

(1) « Annali di Agricultura » publiés par le Ministère de l'Agriculture, de l'Industrie et du Commerce, à Rome, en 1884. — « Le Scuole pratiche di Agricultura » et les « Scuoli agrarii speciali », 3 vol. in-8°. — Florentia. Annuario generale della orticultura en Italia. Firenze, 1885.

la fabrication de ses produits; à Reggio-Emilia une école de Zootechnie et de fromagerie.

Enfin à Vallombrosa, on a institué une école spéciale forestière.

Les écoles pratiques d'Agriculture d'un ordre inférieur datent toutes de 1879 à 1883 et sont répandues, au nombre de 24, dans toute l'Italie. Les « Annales de l'Agriculture » donnent de nombreux détails sur l'origine, les règlements intérieurs et la nature de l'enseignement de chacune des écoles ci-dessus.

Il existe à Florence une école royale d'horticulture et de pomologie de premier ordre, puis à Monza et San Orso, deux écoles privées d'arboriculture et d'horticulture.

Citons maintenant dix-huit écoles agraires et colonies horticoles destinées à l'enseignement pratique élémentaire.

Les comices agricoles que l'on trouve dans toutes les parties de l'Italie sont au nombre de 294. On compte en plus 12 stations agronomiques. Il nous faut citer ici : 1° la station royale cryptogamique de Pavie, dirigée par le professeur G. Briosi; elle s'occupe des parasites végétaux ; 2° la station royale d'entomologie agricole de Florence, dirigée par le professeur Ad. Targioni-Tozzetti; elle a pour objet l'étude des insectes nuisibles à l'agriculture et publie un compte rendu officiel de ses travaux du plus grand intérêt; 3° la station œnologique spéciale d'Asti; elle a dans ses attributions tout ce qui concerne la vigne, la vinification, l'analyse des terres et des engrais, le phylloxera, etc. Il existe en outre plusieurs cercles privés ayant pour objet principal l'industrie et le commerce des vins. Le plus important est celui de Rome qui a pour organe « la Settimana » et pour secrétaire, M. Ranieri Pini, dont le dévouement est infatigable.

La Presse agricole compte 43 journaux consacrés à l'Agriculture, à la Sylviculture, aux comices agricoles, à l'acclimatation, à l'économie rurale, etc... Les journaux horticoles sont au nombre de quatre et sont publiés à Florence, à Turin, à Gênes et à Palanza : cinq journaux sont spécialement consacrés à la viticulture. Le professeur T. Caruel publie aussi à Florence un journal spécial à la botanique.

Enfin, on compte huit sociétés d'horticulture à Turin, Milan, Palanza, Palerme, Florence, Rome, Gênes et Parme, plus la

Société d'acclimatation et d'agriculture de Sicile, à Palerme. Les sociétés d'horticulture italiennes ont fait, comme en Belgique, une fédération qui a déjà tenu plusieurs congrès accompagnés d'expositions importantes; l'un en mai 1880, à Florence, le deuxième en septembre 1882, à Turin; le troisième aura lieu à Rome, du 1er au 10 mai prochain.

Les jardins botaniques qui jouent un si grand rôle dans l'enseignement sont nombreux en Italie.

Le premier fut établi en 1544 à Pise, et le second à Padoue : il en existe aujourd'hui à Pavie, Bologne, Modène, Turin, Ferrare, Vérone, Florence, Gênes, Milan, Parme, Caserte, Catane et Palerme.

On voit que l'Italie marche à grands pas dans la voie du progrès et que son enseignement est aujourd'hui à la hauteur de ses besoins.

PORTUGAL

L'Agriculture est la première, la plus abondante source de richesses en Portugal : tout ce qui y a rapport ressort du Ministère des Travaux Publics, du Commerce et de l'Industrie, qui comprend une division spécialement affectée au service de l'Agriculture et une division consacrée à l'administration des Forêts.

L'enseignement agricole, organisé par un décret en date du 29 décembre 1864, comprend, en premier lieu, un cours d'études supérieures à l'Institut général d'Agriculture de Lisbonne. Les études sont complétées par un cours pratique professé à la ferme-école de Cintra, fondée en 1862. Cette ferme est située à 28 kilomètres de Lisbonne et à 7 kilomètres de Cintra : sa superficie est de 173 hectares : l'enseignement professionnel comprend à la fois :

L'enseignement élémentaire destiné aux ouvriers et régisseurs agricoles et forestiers;

Puis le complément de l'enseignement supérieur, servant à former des agronomes, des ingénieurs-agronomes et des sylviculteurs.

Il y a dans chaque district, en Portugal, une direction technique qui a une « quinta » ou station expérimentale : ces « quintas » se trouvent dans les districts de Porto, Villa Réal, Bragança Guarda, Vizen, Coïmbre, Santarem, Béja et Faro.

Il y a aussi deux stations viticoles dans les régions qui produisent le fameux vin de Porto, c'est-à-dire, Begua et Douro.

« L'Institut agricole de Lisbonne » dont il est parlé plus haut, possède un hôpital vétérinaire, un laboratoire de chimie, un musée de modèles, de machines, d'instruments et de produits agricoles, un dépôt d'étalons et un terrain destiné aux démonstrations d'agriculture et de botanique. Il existe aussi à Lisbonne une société importante dont l'initiative a exercé la plus heureuse influence, c'est *la Royale société centrale d'agriculture* présidée par le roi lui-même.

Le budget de l'État consacre annuellement 5 millions à l'Institut général d'Agriculture, 1 million à l'École régionale de Cintra et la même somme pour les expositions et les études agricoles.

Il n'y a pas d'école d'horticulture dans le pays, mais le jardin botanique de l'Université de Coimbre dirigée par l'éminent professeur Julio Henriqués, possède de magnifiques cultures, puis les jardins royaux d'Ajuda et ceux de l'École polytechnique de Lisbonne, dirigés par M. J. Daveau, offrent des ressources pour les étudiants jardiniers. Mentionnons en dernier lieu, à Porto, l'un des meilleurs journaux horticoles du continent : le *Jornal de horticultura pratica* dont le propriétaire est un horticulteur des plus distingués, M. José Marqués Loureiro et le rédacteur en chef, M. Duarte de Oliveira junior ; ce dernier a également la direction d'une pépinière dite de secours créés par la commission antiphylloxérique du Nord pour fournir gratuitement aux propriétaires des vignes américaines résistantes.

RUSSIE

Parmi les contrées de l'Europe, la Russie occupe une place à part par l'importance de ses récoltes de denrées agricoles; tandis que d'autres pays voisins produisent à peine de quoi suffire à leur consommation, la Russie, livrée à la culture extensive des céréales, de plantes textiles et de produits minéraux et forestiers, peut faire chaque année de ses produits une exportation considérable.

Elle a, comme nous, des établissements d'enseignement agronomique supérieurs et élémentaires. Parmi les premiers, on compte :

1° « L'Académie agronomique et forestière de Pétrovsk » instituée en 1865, près de Moscou ; son but est de fournir aux jeunes gens une instruction supérieure dans toutes les branches de la science agronomique, ainsi que dans la sylviculture; elle possède un vaste laboratoire de chimie, un musée d'agriculture, des cabinets de physique, de minéralogie, de mécanique, de zootechnie, de botanique, etc., le tout accompagné d'une vaste ferme, d'un champ d'expériences, de pépinières, de serres chaudes et d'une forêt spéciale.

2° « L'Institut forestier de Saint-Pétersbourg » organisé en 1848, dans la ville de Gorki, gouvernement de Mohitew, puis transféré à Pétersbourg en 1865. L'instruction est d'un ordre supérieur et les élèves sont au nombre de 20 à 30.

3° L'Institution polytechnique de Riga, du domaine du ministère de l'Instruction publique. Il a pour but d'élever des spécialistes d'industrie, d'architecture, d'agriculture, etc.

Il y a, en outre, à Novaïa-Alexandria, en Pologne, un Institut agricole compris dans le nombre des établissements supérieurs; on a institué dans chaque université de Russie des chaires d'agriculture ou de chimie agricole ou technique.

« Les établissements moyens » ou Ecoles d'agriculture, sont au nombre de huit à Gorki, à Kharkow, à Kazan, à Mariinska, près de Garatow, à Moscou, à l'Ecole d'agriculture et d'horticulture d'Oumane, à Kherson et à Tosna, dans le gouvernement de Saint-Pétersbourg (c'est l'Ecole spéciale forestière de Lisinsk).

Toutes ces écoles ont été fondées de 1822 à 1873.

Outre l'Ecole d'horticulture d'Oumane qui donne une instruction supérieure, il y a encore, sous la surveillance du ministère des Domaines, trois écoles destinées à former des praticiens en horticulture.

Ce sont les écoles de Penza, fondée en 1822, et de Bessarabie à Kichinew, fondée en 1842, puis l'école de Nikitsky, fondée en 1868, sur la côte méridionale de la Crimée ; on a rattaché à cette dernière une branche spéciale pour l'œnologie.

A la suite de ces institutions, il nous faut citer à Stoudenetz, près de Moscou, l'école d'horticulture du domaine des Institutions de l'impératrice Marie. Elle reçoit une vingtaine d'enfants trouvés ; puis dix écoles d'agriculture inférieures dans les gouvernements de Minsk, Wladimir, Kostroma, Wiatka, Courlande, Tver, Tchernigow, Penza et deux à Kourski ; on va en ouvrir trois à Karkow, à Tourgaisk et à Tiflis. Petrowitshi, gouvernement de Minsk a une école de pomologie et de culture du houblon.

Dombrowska et Teugoutinsk ont une école forestière.

Une école de « fabrication de fromage et de beurre », fondée en 1871, dans le village d'Edimonow, gouvernement de Tver, compte une trentaine d'élèves. Une section de cette école a été ajoutée dans le village de Koprino.

« L'Ecole de sériculture » dans le Turkestan, fondée en 1873, en outre de l'industrie séricole, a pour but de montrer une plantation modèle de coton et un établissement pour son nettoyage.

Il y a une école d'apiculture fondée en 1818, dans le village de Paltchiki par M. Prokopovitch et à Bourachowo, près de Tver ; puis des classes d'arpentage et une école de métiers établie en 1872 à Gorki, pour former des maîtres artisans dans les métiers nécessaires à l'agriculture.

Voyons maintenant quels sont les établissements qui contribuent à la propagation des connaissances agronomiques.

Citons d'abord le « Musée agricole du ministère des Domaines à Saint-Pétersbourg » commencé en 1859, dans le genre de notre conservatoire des Arts-et-Métiers. Il a pour but de permettre d'étudier *de visu* tous les objets qui sont du domaine de l'Agriculture et de connaître tous les modèles des machines les plus récentes. Ces machines sont mises en mouvement devant le public et on joint à l'enseignement par les yeux des cours périodiques populaires sur la construction des appareils.

Après le musée de Saint-Pétersbourg, vient le musée polytechnique de Moscou, avec 15 sections dont 7 ont rapport à l'Agriculture, l'élevage du bétail, la sylviculture, la sériculture, l'apiculture, la pisciculture et l'entomologie appliquée. L'entrée est gratuite trois jours par semaine et il sert de siège à plusieurs sociétés savantes qui y donnent des conférences populaires.

Citons ensuite le musée de la Société forestière à Saint-Pétersbourg, le musée d'Industrie et d'Agriculture puis celui d'apiculture à Varsovie.

Des musées d'un ordre inférieur sont établis près des établissements agricoles.

« Les fermes du ministère des Domaines » sont au nombre de six. Elles doivent servir d'exemple aux agriculteurs et concourir à la propagation des meilleures espèces de bestiaux, des instruments les plus perfectionnés et des semences de bonne qualité. Le mode de culture doit correspondre à celui qui domine dans la localité.

« Le Jardin botanique impérial de Saint-Pétersbourg », fondé en 1823, a pour but de concourir au développement des connaissances botaniques.

« Le Jardin impérial de Nikitsky et l'établissement de viticulture de Magaratch » situés près de Yalta, ont pour but l'acclimatation des plantes du Midi, l'étude des différentes espèces de vignes et la fabrication des vins.

On peut y joindre le Jardin botanique et d'acclimatation de Tiflis et le Jardin zoologique de Moscou, qui a aussi pour but l'introduction et l'acclimatation des plantes.

Il y a en outre une pépinière pomologique à Voronège, une pépinière d'arbres forestiers à Orel, et une pépinière d'arbres fruitiers à Gorki pour la propagation des meilleures variétés fruitières propres au climat.

Outre les établissements que nous venons de citer, qui relèvent du domaine de l'État, il y a encore, en Russie, une station d'épreuves agrico-chimiques près de l'École polytechnique de Riga, et une près l'Institut forestier de Saint-Pétersbourg ; un laboratoire technique pour analyses agricoles et minérales à Kiew ; des stations de contrôle de semences à Helsingfors, Saint-Pétersbourg, Riga, Varsovie, Moscou, Dorpat et Kew, plus une station d'épreuve pour les instruments d'Agriculture à Petrowsk.

Enfin, on compte en Russie des institutions provinciales et de nombreuses sociétés d'économie et d'industrie rurales, puis des comices agricoles analogues aux nôtres.

Tous ces comités se rassemblent périodiquement dans différentes localités, pour élucider toutes les questions qui se rattachent au progrès et aux intérêts agricoles.

Je terminerai cette note en citant, à Varsovie en Pologne, un établissement du gouvernement fondé en 1870 et ayant pour but de propager l'enseignement de l'horticulture dans les centres ruraux : c'est le « Jardin pomologique » qui cultive les meilleures variétés d'arbres fruitiers, de plantes potagères et d'ornement. Chaque école primaire a le droit de recevoir sans frais un certain nombre d'arbres fruitiers et d'autres plantes cultivées dans l'établissement de l'État.

SUÈDE

L'Académie d'agriculture de Stockholm a été fondée en 1813 avec une ferme-modèle et une station agronomique pour les recherches physiologiques et chimiques. — Depuis 1876, elle a établi 4 autres stations agronomiques à Skara, Halmstad, Calmar et Vesteraas.

Ces établissements reçoivent des subventions, soit de l'Etat, soit des Sociétés d'agriculture qui sont au nombre de seize.

Quant à l'enseignement supérieur, il est donné dans deux Instituts, celui d'Ultuna, près de l'Université d'Upsal, puis celui d'Alnarp, près de l'Université de Lund.

L'école d'Alnarp, fondée en 1868, comprend 563 hectares dont 350 sont affectés aux cultures de l'école, 43 sont en pâture et le reste loué à de petits fermiers pour faire voir aux élèves des modèles de grande et petite culture. Là se trouve une école de maréchalerie et de laiterie avec une école d'horticulture.

L'école d'Ultuna, fondée en 1848, est à quelques kilomètres d'Upsal et comprend 372 hectares; on y a installé 2 stations météorologiques.

A la suite de ces écoles, on trouve 27 écoles d'agriculture dont la plus ancienne date de 1835. — Certains propriétaires prennent l'engagement de recevoir 12 élèves dans leurs fermes et il leur est alloué pour cela par l'État une somme de 200 kroner, ou 278 francs par élève. — Ils sont sous la surveillance de l'Académie de Stockholm.

Il y a en Suède six écoles de laiterie, à Bergqvara, à l'Institut d'Ultuna, à Alnarp, à Haddorp, à Glastorp et à Varplosa.

L'enseignement horticole en Suède est fourni par deux écoles supérieures, indépendantes l'une de l'autre :

1° L'école d'horticulture de Rosendal, près Stockholm, dont le directeur est M. Axel Pihl, pour les parties septentrionales du pays, et :

2° L'école d'horticulture dirigée par M. F. Ulriksen, de l'Institut d'Alnarp, mentionné déjà dans l'enseignement agricole, pour la partie méridionale du royaume : la grande extension et la différence notable entre le climat des provinces du nord et celles du sud nécessitent des procédés bien différents pour chaque partie du pays.

L'instruction n'est pas seulement théorique; les élèves sont tenus de travailler dans les jardins des écoles, qui n'ont pas beaucoup d'autres ouvriers.

Les jardins de la Société d'horticulture à Gothenborg et le jardin botanique de l'Université de Lund offrent aussi aux jeunes jardiniers les moyens de se perfectionner dans leur profession.

Presque toujours on trouve de jeunes Suédois et des Norvégiens aux écoles d'horticulture du Danemark.

La Société suédoise d'horticulture à Stockholm, la Société d'horticulture de la Scane, et la fédération des amis de l'horticulture à Gothenborg publient de temps en temps des bulletins.

La « Tidning for tradzardsodlare » ou Revue des horticulteurs, organe indépendant, paraît mensuellement à Stockholm.

En langue Suédoise on trouve plusieurs œuvres notables. Il faut mentionner : « La pomologie suédoise » par le Dr Oscar Enevoth, et « le manuel de l'horticulture suédoise » par MM. Erik Lindgrén, Axel Pihl et Georges Lovegrén.

NORVÈGE

La première organisation d'un enseignement agricole date de 1825 ; cet enseignement dû à M. Jakob Sverdrup, « le père de l'agriculture norvégienne » : il fonda à Semb une école d'agriculture qui peut être rangée parmi les écoles secondaires; on en a créé une dans chacune des 17 préfectures du royaume depuis 1842, mais la plupart n'ont pas réussi et maintenant il n'en existe plus que six. L'Etat et les communes environnantes contribuent à leur entretien ; l'instruction est théorique et pratique et dure deux ans.

L'Institut supérieur agricole, à Aas, a été fondé en 1859 et réorganisé en 1872 : il a maintenant deux divisions, une inférieure théorique et pratique et une supérieure seulement théorique; toutes les deux doivent être suivies par tous les élèves. Le cours est de trois ans.

L'Institut renferme des collections scientifiques, un laboratoire de chimie, un champ d'expériences, des pépinières, etc.

5

Le terrain cultivé de l'établissement est de plus de 100 hectares. Le nombre des professeurs ordinaires, y compris le directeur, est de cinq.

L'enseignement de l'horticulture n'existe pas encore en Norvège, bien que le jardinage commence à prendre là une extension remarquable, grâce aux efforts énergiques du savant botaniste le Dr. Fr. Shubeler, directeur du jardin botanique de Christiania. Les jeunes gens qui ne veulent pas se contenter de l'apprentissage dans les établissements horticoles du pays, font leur éducation surtout en Danemark où on parle presque la même langue, ou en Suède, ou en Allemagne.

La « Norsk Havetidende » ou Revue norvégienne mensuelle horticole, a commencé a paraître en 1885.

Le docteur Schubeler, qui a publié un grand nombre d'ouvrages botaniques de haute valeur, a fait paraître aussi quelques opuscules sur l'horticulture.

SUISSE

Sous le rapport de l'enseignement agricole, la Suisse, ce paradis des touristes, diffère des autres pays de l'Europe et se rapproche des Etats-Unis, en ce sens que chaque canton est souverain et peut organiser ses écoles suivant son budget et ses besoins (1).

Le gouvernement fédéral n'intervient que pour donner des subventions profitant à l'intérêt général de la confédération.

De plus, le climat, la disposition montagneuse du sol, l'ab-

---

(1) Rapport présenté au gouvernement fédéral du Commerce et de l'Agriculture, par le Dr Ad. Kraemer. Berne, 1882. —Message du Conseil fédéral concernant l'amélioration de l'Agriculture, 4 décembre 1883. — La fabrication des fromages en Suisse, par R. Schatztmann, directeur. Lausanne, 1881.

sence de grands domaines, l'importance que doit y prendre la culture fourragère, la longueur des hivers, tout concourt à faire de la Suisse un pays à part.

Comme école supérieure d'enseignement agricole, il faut citer, en premier lieu, le « Polytechnicum federal », établi à Zurich, dont le budget est de 45 à 50,000 francs.

Il n'est pas fréquenté autant qu'il pourrait l'être, mais on doit lui adjoindre une école de laiterie et un cours d'arboriculture et de viticulture. L'herbier de l'Université de Zurich et de l'École polytechnique est un des meilleurs de l'Europe.

Lausanne a une école théorique et pratique de viticulture.

Les cantons de Zurich et de Berne ont en outre, la première, une école au Strickoff, et le second à la Rutti, coûtant chacune de 22 à 25.000 francs.

Il vient de s'ouvrir une école à Cernier dans le canton de Neufchâtel.

Par arrêté du 17 mars 1877, il a été créé à Zurich une station fédérale d'analyse divisée en deux sections, l'une pour les études agrico-chimiques, l'autre pour le contrôle des semences. La station de Zurich a trois champs d'essai à des altitudes différentes, et son directeur, le docteur F. G. Stebler, fait de nombreuses conférences pour l'enseignement des cultures fourragères et des autres branches de la science agronomique.

Les subventions accordées par le gouvernement en faveur de l'agriculture s'élèvent maintenant à plus de 200,000 francs et celles qui sont accordées par les divers cantons dépassent 500,000 francs.

Le conseil fédéral, après avoir étudié l'organisation de l'enseignement dans les Etats qui l'entourent, recherche aujourd'hui les mesures les plus propres à développer les richesses agricoles du pays, et cela, par des écoles moyennes comme celles de Zurich, de Berne et de Vaud, qui sont mieux en harmonie avec la nature et l'étendue des propriétés. Là, les études doivent prendre une autre direction que dans les pays à céréales, par exemple; elles doivent se porter surtout sur les industries agricoles propres aux montagnes, c'est-à-dire l'industrie de la laiterie et l'élevage d'un bétail approprié au climat et au sol.

Il existe en Suisse de très nombreuses sociétés agricoles : celles de la Suisse romande se sont réunies et ont formé une fédération qui fonctionne avec succès.

On sait que la fabrication du fromage est fort ancienne et qu'elle prend tous les jours une plus grande extension par suite de l'ouverture de nouvelles voies de communication.

Il n'est pas de pays qui ne connaisse et n'apprécie l'excellent produit de la vallée d'Emmenthal : c'est un fromage à pâte grasse, ferme, qui s'expédie en forme de meules d'un diamètre de 0m 80 sur une épaisseur de 0m12 à 0m 15 et qui est imité aujourd'hui par tous les pays voisins.

Son prix, depuis 1850, a monté de 50 à 80 et même 90 fr. les 50 kilogrammes et l'exportation s'est élevée de 73,395 quintaux métriques en 1860 à 217 189 quintaux en 1880.

En outre des fromages d'Emmenthal, il se fabrique aussi une grande quantité d'autres produits, sous le nom de fromages de gruyère, de Spalen, d'Urseren, d'Appenzell, de Battelmatt, etc.

On fait depuis très longtemps, en Suisse, des associations rurales pour la fabrication des fromages, sous le nom de fruitières ou de sociétés fromagères, et ces associations ont été imitées en France dans le Doubs et dans le Jura.

La Suisse, qui s'honore de botanistes éminents, comme Saussure, de Candolle, Boissier, etc..., a plusieurs jardins botaniques, dont les principaux sont ceux de Bâle et de Zurich, fondés en 1747, de Berne, fondé en 1789 et de Genève, fondé en 1816.

Pour empêcher la destruction des plantes alpines si intéressantes à plus d'un titre, il s'est formé à Genève, sous la direction de M. Correvon, une Société qui possède un jardin spécial pour la reproduction et la vente des plantes de montagnes.

On compte, en Suisse, quatorze sociétés d'horticulture dont les principales sont celles de Genève, du canton de Vaud, de Bâle, de Berne et de Zurich.

Le gouvernement fédéral a voté cette année une subvention

de 6,000 francs dont 3,000 francs pour les sociétés de la Suisse romande et 3,000 francs pour celles de la Suisse allemande.

Quand on passe en revue l'enseignement horticole et agricole tel qu'il est institué en France et à l'étranger aujourd'hui, on voit que partout l'éveil est donné sur l'importance de l'instruction professionnelle appuyée à la fois sur la science et sur la pratique. Quelques nations sont encore en arrière, mais l'établissement des chemins de fer, les rapports plus fréquents de peuple à peuple, égalisent peu à peu les lumières et les moyens d'action. Nous devenons tous les jours plus solidaires les uns des autres; dès qu'une institution, une invention paraît, de suite elle est connue et mise à profit d'un bout de l'Europe à l'autre, modifiée par le climat, par les mœurs, soit; mais il n'est plus le temps où tel produit, telle industrie ne se trouvait que dans certains lieux; le travail des machines a tout égalisé, tout nivelé. La révolution industrielle et agricole est partout; chacun cherche à produire aujourd'hui au plus bas prix et à trouver des débouchés. C'est une ère nouvelle où *la victoire sera au plus instruit, au plus actif;* c'est pourquoi nous avons tenu à comparer les divers centres d'instruction de l'Europe.

En France, nous nous sommes longtemps endormis sur nos succès et, aujourd'hui, notre réveil est des plus tristes; notre outillage industriel et agricole n'est plus en harmonie avec les découvertes modernes; nos méthodes de commerce ont vieilli; nous jetons, comme toujours, nos regards vers l'Etat qui ne peut que nous répondre *help yourselves;* nos hommes politiques sont trop occupés à garder leurs places (ce qu'ils appellent : sauver la République), pour donner quelque attention aux intérêts vitaux du commerce et de l'agriculture.

A quoi ont servi toutes les enquêtes? Pendant qu'on les fait, le malade se meurt de politique et de querelles personnelles; on ne voit pas que tout change autour de nous; le nouveau Monde qui achetait tout à l'Europe, lui vend de tout aujourd'hui; demain les ateliers de l'Inde, de la Chine et du Japon, avec leurs 500 millions d'hommes, nous inonderont de leurs produits; leurs ouvriers se contentent d'un gain minime qui ferait sourire les nôtres. Tout l'Orient s'approprie nos progrès dans l'art de détruire ! qui sait si un jour il ne s'en servira pas contre nous ? Puis, disons-le franchement, l'industrie, le commerce et l'agriculture n'ont pas encore conquis dans nos mœurs le rang qu'ils doivent y occuper. Tandis que notre aristocratie est vue avec jalousie dans les fonctions publiques, dans la diplomatie, l'administration, j'allais dire l'armée, l'industrie et l'agriculture ne l'attirent pas; de là bien des forces perdues.

Dans les campagnes, les paysans au lieu d'acheter de la terre, préfèrent les placements de la Bourse et cherchent à faire de leurs fils des fonctionnaires. Personne ne veut plus du *labor improbus*, de ce travail lent et persévérant de nos pères. Il n'y a plus d'apprentis, plus de stages, plus de soldats, tout le monde veut avoir des galons sans les avoir gagnés ; l'ouvrier regarde son patron comme un ennemi : « guerre au capital » lui crie-t-on de toutes parts, et il oublie que le patron a été ouvrier aussi et qu'il peut devenir patron à son tour. Pauvre France ! Sauras-tu, enfin, ouvrir les yeux, écouter tes véritables amis et profiter de tes fautes? Hélas! je ne peux que faire des vœux et répéter ce qu'on a dit si souvent : « Si les Français savaient se tenir tranquilles pendant cinquante ans, ce serait le premier peuple du monde. »

TABLE DES MATIÈRES

INTRODUCTION 1
France. 18
Allemagne 25
Autriche-Hongrie. 30
Belgique 34
Danemark. 37
Espagne. 40
Etats-Unis 43
Grande-Bretagne 49
Hollande. 53
Italie 55
Portugal. 58
Russie. 60
Suède 63
Norwège. 65
Suisse. 66
CONCLUSION 69

Paris. — Imprimerie G. Rougier et Cie, rue Cassette, 1.

www.ingramcontent.com/pod-product-compliance
Ingram Content Group UK Ltd.
Pitfield, Milton Keynes, MK11 3LW, UK
UKHW012101240726
13965UKWH00004B/1443